シリーズ・福祉と医療の現場から 7

内多勝康［著］

「医療的ケア」の必要な子どもたち

第二の人生を歩む元NHKアナウンサーの奮闘記

WELFARE AND MEDICAL

ミネルヴァ書房

はじめに

「医療的ケア」という言葉が、最近テレビや新聞など多くのメディアに登場するようになりました。それでも、多くの方にとって、よくわからないというのが実情です。

この言葉は、病気やけがを治す「医療」とお年寄りや障がい者の世話をする「ケア（介護）」が「的」というあいまいな接着剤で一体となったものです。でも、考えてみると、ちょっとふしぎな組み合わせです。「医療」なのか「ケア（介護）」なのか、それとも、全く別のものなのか首をかしげてしまいそうです。

ところが、皆さんは、まだお気づきでないかもしれませんが、この言葉は、誰にとっても急速に身近なものになっているのです。

病院や診療所で「医療」を受けた後に、福祉施設や家庭で「ケア（介護）」のお世話になる。――かつて、この二つの言葉は、単純に区切られていました。しかし、医療が日進月歩の現在、以前なら失われていた多くの命を助けられるようになったことが、「医療」と「ケア（介護）」の境界線をあいまいにしていきました。

日本は、六十五歳以上の人口が総人口の二一％を超える超高齢社会です。免疫力が低下してがんにかかるお年寄りが多く、ここ三十五年以上、日本人の死因第一位はがんで、三人に一人はがんで亡くなるといわれています。もちろん、寛解《かんかい》（病状が治まった状態）して自宅に戻れる人もたくさんいます。でも、一方で、何らかの医療処置が必要な状態で戻る人も増えています。

食道がんを患った人が救命された結果、口から食べる機能を失うと、胃ろう（↓P109）という小さな穴を胃に開けたり、血管にチューブを埋め込んだりして、そこから栄養や水分を送り込むといった処置が必要になります。

こうした処置は、病院で看護師がおこなうと「医療行為」ですが、退院後に家族がおこなうと「医療的ケア」ということになります。国家資格を持たない一般の人の行為を医療と呼ぶことはできないからです。そこで登場したのが、「医療的ケア」

という新しい考え方であり、まだ歴史が浅いため、一般には聞きなれない言葉なのです。

原因がわからず治療法のない難病の患者にとっても、自宅での医療的ケアが欠かせません。

全身の筋肉が衰えていくALS《エーエルエス》（筋萎縮性側索硬化症《きんいしゅくせいそくさくこうかしょう》）という病気は、成人してから発症する人がほとんどで、三十五歳以降から徐々に増えはじめます。運動機能が低下してやせ細っていき、呼吸に必要な筋肉も衰えていくこの難病は、症状が進んで肺に酸素が行き渡らなくなると、のどに穴を開ける気管切開という手術を要することがあります。気管内には痰《たん》がたまってしまい、自分では痰を吐き出す力がないので、そのままにしておくと窒息の危険があります。そのため、のどに開けた穴にチューブを差し入れ、電動吸引器という医療機器で吸い出すという処置が継続的に必要になります。これも、入院中におこなわれる場合は「医療行為」ですが、家に帰れば、「医療的ケア」です。

さらに「医療的ケア」は、お年寄りや難病患者に限ったことではありません。すべての人にとって、「自分」や「大切な人」や「身近な人」の問題となる可能性があるのです。

現代社会に欠かせない自動車。日本では、一年間に五百万台の新車が販売されています。その一方で、交通事故は毎年およそ五十万件。事故で頭を強く打ち、脳が大きなダメージを受け、その結果、呼吸をする機能が低下する人もいます。自分の力で十分な呼吸ができなくなった人に対しては、気管切開をしたり人工呼吸器という医療機器を使ったりして、肺に空気を送り込む必要があります。以前なら人工呼吸器の使用といえば、手術室や病室で患者に対しておこなう「医療行為」でしたが、医療機器が小型・軽量化したことにより、今では退院した後に、家族がおこなえるようになりました。これも「医療的ケア」になるのです。

要するに、病院でおこなう医療と家庭でおこなうケアの両方の顔を持っているのが、「医療的ケア」であり、今では、老若男女、誰にとっても「明日はわが身」となるもの。

こうした日本にあって、医療的ケアが必要な人は増え続け、大きな社会問題になってきました。そのなかで、とりわけ大きな問題といえるのが、子どもの医療的ケアなのです。しかし、子どもの場合、お年寄りや難病患者と比べ、その実態はまだまだ知られていません。

近年、生まれてまもなく、医療的ケアが必要となる子どもたちが急速に増えています。以前でしたら人工呼吸などの医療処置が必要な子どもは、ずっと入院していなければなりませんでした。時代は変わり、現在では、医療の進歩で五百グラムに満たない赤ちゃんでも救命できるようになりました。それに伴い、重い病気のためNICU《エヌアイシーユー》（新生児集中治療室）などへの入院が必要となる子どもが後を絶ちません。それでも家族と一緒に暮らすために、まだ医療処置が必要な状態でも、病状が安定した子どもから退院していきます。そうした子どもたちには、医療的ケアが必要不可欠です。

この事実は、これからお母さんやお父さん、お祖母さんやお祖父さんになる人であれば誰でも、近い将来、「医療的ケア」が身近になる可能性を示しています。いいかえれば「医療的ケア」が必要な子どもの家族が直面する問題は、皆さんにとっても決して他人事ではないのです。

ところで、今、こういう僕は、何者？　と、皆さんは思われることでしょう。

実は、僕は医療従事者でもなければ、福祉の現場で働いていたわけでもありません。長年、ＮＨＫに勤めていた元アナウンサーです。一時期は、毎朝、全国に放送される番組のキャスターなども担当していました。だから、うれしいことに僕の顔と声を覚えていてくださる方が、今でも少しはいらっしゃるようです。

そんな僕が、なぜ「医療的ケア」に関係する本を書くことになったかについては、ちゃんと説明しておかないと、皆さんも困惑されることでしょう。でも、これについて詳細は、後の章までお待ちください。ここでは、少しだけ記したいと思います。


「一日一回は、死にたいと思います」

この言葉は、二〇一三年、僕がＮＨＫアナウンサーとして「医療的ケア」が必要な子どもと家族を取材した際にインタビューに応じてくれた、あるお母さんが口にしたものでした。このお母さんは、一体どんな気持ちで僕に言ったのでしょうか？

彼女は、子どもの「医療的ケア」を一身に背負い、安心して眠ることができず、社会から見捨てられたような、先の見えない日々を過ごしていました。その過酷な状況を、誰かに知ってもらいたい。でも、伝える術がなく、ギリギリまで追い詰められた状態。そんなとき訪ねてきた、見知らぬマスコミの男に語ったこの一言には、「医療的ケア」が必要な子どもと家族が置かれている〈現実〉が凝縮されているように僕は感じたのです。

「一見豊かな日本に、ここまで追い詰められた家族がいるとは……」

僕はあまりの深刻さに衝撃を受け、支援が届いていない現状に矛盾を感じ、マスコミにいながら、何もできない無力感にさいなまれました。そして、まもなく僕のなかには、強い問題意識が芽生えていったのです。これはもはや家族だけで支え切れる問題ではない。「医療的ケア」が必要な子どもと家族の日常生活をどうサポートしていけばいいのか、社会全体で考えていかなければならない、こうした思いが三年の歳月の後、「もみじの家」（詳細は本文）のハウスマネージャー（↓P25）としての仕事に結びつきました。

「もみじの家」に転職して日の浅い僕に、まだ世間では知られていない「医療的ケア」について、本を書くように勧めてくれた人がいました。しかし、元NHKアナウンサーの僕に、皆さんのお役に立つ本など書けるわけがないと、当初は、はっきりお断りをしました。ところが、僕のことをよく知る彼は、「医療的ケアは、将来、自分や自分の子ども、兄弟姉妹、親しい友達が直面するかもしれないのだから、身近な現実として、誰もが知っておくほうがいい」と言って、再度、熱心に勧めてくれたのです。

「NHKアナウンサーの経験は、伝える力。そういう人だからこそ、より多くの人に医療的ケアについてわかりやすく伝えることができる」と。

先に触れた、「一日一回は、死にたいと思います」と、僕に話してくださったお母さんも、誰かに知ってもらいたいがための言葉だったはずです。僕の気持ちは動き出しました。

それから、二年。ようやく、この本をまとめることができました。この本は、僕の第二の人生のはじまりとなったもみじの家について触れながら、現在の医療的ケアの現実や、さまざまな問題について、皆さんと一緒に考えていこうというものです。現に何らかの形で「医療的ケア」と関係のある方も、ない方も、将来は自分だけでなく、周りの人たちを含めて考えれば、数え切れないほど多くの人が「医療的ケア」と関わっていくことになるはずです。僕は、そんな人たちのため、また、そんなときのため、僕の経験をお話することにします。ぜひ、最後までお読みください。

国立《こくりつ》成育《せいいく》医療《いりょう》研究《けんきゅう》センター
もみじの家ハウスマネージャー
内多勝康

「医療的ケア」の必要な子どもたち　もくじ

第四章　医療的ケア物語

第五章　もみじの家を見てください

第一章

ＮＨＫから、もみじの家へ

故・田部井《たべい》淳子《じゅんこ》さんに救われた！

僕は五十三歳になる少し手前で、三十年間続けた「ＮＨＫアナウンサー」という肩書きを捨て、実務経験の全くないまま、現在の「もみじの家」のハウスマネージャーの職に就きました。僕にとっては、未開拓の土地に足を踏み入れ、福祉という未経験の現場に挑む、まさに〈未知との遭遇〉ともいえる日々がはじまったのです。

「華やかな世界からの転身」と注目され、新聞やテレビ、雑誌などからの取材には笑顔で対応していましたが、後で記すように、特にスタートからの数か月は、つまずいてばかりの日々でした。そして、とても本に書けない厳しい局面にさらされることも、何度もありました。

マスコミのような荒っぽい世界で人格形成をしてしまった僕は、穏やかそうな見た目とは裏腹に、感情の起伏が激しく、たまに〈瞬間湯沸かし器〉になることがあります。一八〇度環境が違う職場に移っても、すぐに性格を切り替えることは不可能です。

いさかいや不協和音のなかで、失望、不信、諦めや怒りの感情が激しく混ざり合い、うまくコントロールできないことが何度もありました。職場の責任者として不適切な言動をとがめられることもありました。そのたびに、心は萎え、とてもへこみました。

本の執筆のお話をいただいてから、実際に執筆を開始するまで、一年以上の歳月がかかっています。それは「はじめに」で書いたように、自分に医療的ケアを語る資格がないという思いもありましたが、実は、それだけでなく、業務に忙殺される日常のなかで「とても書くことができなかった」というのが正直なところだったかもしれません。

もみじの家が開設してからしばらく続いた利用者数の伸び悩み、解消できない赤字、僕の経験不足による判断ミス、次々と押し寄せる事務作業などに翻弄され、時間的、精神的な余裕が持てませんでした。このままはたしてハウスマネージャーを続けることができるのか不安で仕方ありませんでした。

ところが、そんなときでした。僕の脳裏には、NHK時代のあるエピソードが鮮明に蘇ってきたのです。僕は、ある特別番組の撮影で、世界的に有名な登山家の故・田部井淳子《たべいじゅんこ》さんと一緒に三週間かけて北アルプスの山々を縦走する経験をしたことがあります。それは、僕のアナウンサー人生でも、最長にしてもっとも過酷なロケでした。

富山県の立山《たてやま》を出発し、日本最後の秘境といわれる雲ノ平《くものたいら》を抜け、標高が日本第五位の高峰・槍ヶ岳《やりがたけ》、同三位の奥穂高岳《おくほたかだけ》を越えて、長野県と岐阜県にまたがる「ジャンダルム」という巨大な岩の塊をめざす、六十キロの山旅。標高三千メートルを超す山々からの絶景は美しく、心を奪われましたが、想像以上のアップダウン、目まぐるしく変化する天候、膝を襲う痛み……僕は疲労で動けなくなり、息も絶え絶えに「もう歩きたくない」と口にすることが何度もありました。

そんなとき、田部井さんはいつも「休むときは休む。それでも一歩一歩、歩いていけば、必ず目標にたどり着く」と、声をかけてくれました。それは「ゴールははるかかなたでも、少しずつ自分のペースで進むことで、目的を達成する道が開ける」という教えのようでもありました。僕は、田部井さんの優しくも的確なアドバイスを受けながら、標高三千百六十三メートルの「ジャンダルム」の頂という、インドア派の僕にとっては夢のような場所にたどり着くことができたわけです。

そして、この「一歩一歩」の教えは、山から下りて歳月が流れ、ＮＨＫを辞めた後になっても、僕を窮地からたびたび救ってくれる大きな力になってくれています。「いばらの道」を歩かなければならないときや「針のむしろ」にすわらされるとき、重圧をすべて肩に乗せてしまうとつぶれてしまいますから、目の前の課題を一つひとつ、少しずつ解決していけばよいと頭を切り替え、ずいぶん気が

故・田部井淳子さん（右）と登山にチャレンジ。

楽になりました。

今も、全国津々浦々に、昼夜を問わず、終わりの見えない子どものケアを続けている家族がいます。社会のサポートが行き届かず、子どもの将来の不安を消し去ることは難しいのが現実です。それはまるで、どこが頂上なのか知らされずに歩き続ける、途方もない登山のようです。

田部井さんから学んだ登山の極意は、山の世界にとどまらず、あらゆる局面、あらゆる現場に応用できる、人生の歩き方を示していることを、僕はもみじの家でのさまざまな経験を通して、あらためて感じています。

二〇一六年四月一日、僕はもみじの家を運営する国立成育医療研究《こくりつせいいくいりょうけんきゅう》センターの職員になりました。ここで、その初出勤の日の話をしましょう。

僕は新調した背広にネクタイをしめて、小田急線の祖師ヶ谷大蔵《そしがやおおくら》駅から歩いて十五分ほどのところにある国立成育医療研究センターの正面玄関に新入社員のように緊張して入りました。

出勤初日の業務は、新しく採用された職員向けの研修会への出席です。会場の講堂を埋めつくしたのは、ほとんどが学校を卒業したばかりの二十代の看護師や医師の若手職員ばかり。社会人になりたてのほやほやのフレッシュな空気のなかで、五十歳を超えた新人は僕くらいです。

多少のアウェー感を感じながらも、新しい職場での第一歩、第二の人生のスタートラインに立った僕は、三十年ぶりの新人研修にワクワクした気持ちで臨んでいました。

でも、困ったことに、講義の内容の半分以上が頭に入ってきません。医療の基本を学んできたほかの新人たちには理解できる次元の話なんでしょうが、マスコミの世界しか知らない僕にとっては超ハイレベルです。次々と繰り出される病気や治療の話、薬や医療機器の話に頭がついていかず、不安が募るばかりでした。

そもそも､自分を雇ってくれた国立成育医療研究センターとはどんな組織なのか、それすらぼんやりした認識しか持ち合わせていなかったわけで、はたしてまともな職員になれるのか、今後の航海がとても心配となる船出でした。

後悔先に立たず

今でさえ、なかなか大変なところに飛び込んでしまったと思っています。研修会を終えて日常業務をはじめると、僕は連日、聞いたこともない医療の専門用語（↓P33）の渦に巻き込まれることになりました。

前の職場で多少は医療現場の取材経験があり、社会福祉士の国家資格を取る際にも専門用語を学習する機会はありましたが、そんなちっぽけな経験は簡単に吹き飛んでしまう、突風にさらされるような環境の激変。まるでクラスのなかで一人だけ勉強についていけず、取り残されていくような感覚。新しいやりがいを求めて転職を決意した熱い想い、燃える情熱は、劣等感という冷水を浴びせられることになるのです。

五十歳を過ぎて、理想ともいえる大きな旗を掲げて新しいステージに上がった僕でしたが、ほどなく現実の厳しさや自分の無力さを痛感し、それまで培ってきた文化と目の前の文化の違いに立ち往生することになります。容赦のない洗礼は、ボクサーが繰り出すパンチのラッシュのように、僕の甘い考えをたたき続けました。ハウスマネージャーに就任してひと月余りの五月には、僕はまさにKO寸前となり、「リングから降りたい」と、早くも転職したことを後悔することになったのです。まさに、後悔先に立たず。覆水盆に返らずです。

もっとも僕を落ち込ませたのは、仕事ができない挫折感でした。

僕の役職は「ハウスマネージャー」です。日本ではマネージャーというと、「芸能人のマネージャー」や「クラブ活動のマネージャー」など、お世話をする人というニュアンスがありますが、英語の辞書を引くと【監督、経営・管理する者】と出てきます。【ある個人・集団・企画等に対し高い裁量権を持ち、適切な処置を講じて維持・管理する役職の者】と記してある辞典もあります。僕の場合は、英語のほうのイメージで、「会社のマネージャー（経営者）」や「ホテルのマネージャー（支配人）」のように、一般職員に対する管理職ということになります。もみじの「家（ハウス）」の「管理者（マネージャー）」なので、ハウスマネージャーという肩書きになったわけです。

ハウスマネージャーの僕が担う仕事の柱の一つは「事業計画」を立てること。もみじの家としてどんな年間目標を掲げるのか、利用者をどのくらいのペースで増やしていくのか、収入がどれほど見込まれ支出はどれだけかさむのか、寄付金をどのように集めるのか、広報戦略、研修会やイベントの企画……策定しなければならない項目は目白押しです。しかし、当初の僕は、何一つとして手掛けた経験がありませんでした。そもそもNHK時代の僕は、計画というものが大嫌いでした。「計画なんて立てようが立てまいが、そのときにもっとも大切と思われることを精一杯やることには変わりはない。計画どおりにいくことなんてないし、計画に縛られるのは新しい課題に対応する感性が鈍るから好みじゃない。計画を立てる時間があるなら、今やらなければならないことに使うべきだ」と、こんな思想の持ち主でした。上層部が念仏のように毎年設定する計画は視界の外に追いやり、最新の情報にアンテナを張り、最善を尽くして取材をして提案を練り、本番では最高のパフォーマンスをする。その繰り返しで僕は時代と向き合ってきた、そんな自負がありました。計画、計画と、パソコンにかじりついている同僚に対しては、「組織のために、ご苦労さん」と、申し訳ないけれど、そう思っていました。三十年間、まともに計画を立てたこともなかったし、組織がオーソライズした計画を守ろうともしなかった。僕は、そういう男だったのです。

でも、そんなことはお構いなしに、僕がハウスマネージャーに就任してまもなく、上層部から指令が下りました。

「六月上旬に運営委員会を開くから、事業計画をまとめて発表してほしい」

突然そんなことを言われても、何からどう手を付けていいものやら見当もつきません。とりあえず、初年度の利用者はどこまで増やせそうか、広報はどんなふうに戦略を立て、寄付金はどのくらい集められそうか、精一杯の資料を付け焼刃で準備して、最初の事前打合せに臨みましたが、「けんもほろろ」とはこのことでした。どの資料も明確な裏付けがあるわけではないので、計画作成のプロセスや基になったデータを問われると、ぐうの音も出ません。

運営委員会とは、大口寄付者や厚生労働省などの行政関係者、マスコミやボランティアの代表などが年に二回、一堂に集まる大切な会議です。きちんとした公式の資料を整え、自信を持ってプレゼンテーションをおこなわなければなりません。僕が用意した資料はスカスカの内容で、事前打合せに出席したメンバーの顔が見る見る曇っていくのがわかりました。いくら話し合っても説得力のある計画を提示できない状況に、雲行きは急速に悪化し、ついに雷が落ちることになります。当時のことはなるべく記憶から消そうとしてきたので、正確には覚えていませんが、こんな雷だったと思います。

「ハウスマネージャーとして、責任を持ってください」

五十三歳にして味わう、屈辱的な一言でした。ほんの二か月前までは、経験豊富なアナウンサーとして、どんな番組を担当してもそれなりの成果を残し、悪くない評価を得ていましたので、一気に打ちのめされました。そんな言われ方をしたのは、NHKに入りたての新人時代以来です。

でも、それも無理がなかったと思います。とにかく僕は、もみじの家の収支見込みを全く把握できていなかったし、それを誰に教えてもらえばいいのかさえ知りませんでした。ともすると、黙っていれば誰かが僕に代わってまとめてくれるんじゃないかという甘ったれた気分もどこかにあったかもしれません。〝新人〟として新しい職場に挑んだつもりでも、やはり長い年月の間にしみ込んだ〝ベテラン〟の感覚は抜け切れていなかったのです。

収入は利用者の人数によって決定づけられるので、「どこまで増やせそうか」ではなく、どんなペースで運用ベッドを増やしていくのかを明確に決められないうちは、収支の見通しが立たないままです。当然ながら、どれくらいの寄付金が必要になるのかがはっきりしなければ、支援を呼びかける広報戦略も定まりません。そんなことでは、年間の事業計画を策定できるわけがないのです。ハウスマネージャーとしては、確かに責任感が欠けていたといわざるを得ません。

それからの僕は、とにかく、周囲の人に協力を求める行動を起こしました。

「情報は待っていても入ってこない。自分から取りにいくものだ」

これは前の職場で叩き込まれた、取材の鉄則です。足を使って必要な情報を集める基本を僕は思い出し、病院全体の収入と支出を一手にまとめている担当者や寄付のシステムに精通する責任者のもとに頻繁に足を運びながら、難解な財務関係の資料の読み方や寄付金がどのように集められているのかを一から学びはじめました。

それでも、満足してもらえる資料の作成にはいたらず、もみじの家にとって初めての運営委員会には、ほかの人が作った収支計画や医療的ケア児の増加を示すグラフ、ボランティアの内訳をきれいにまとめた一覧表が提出されることになりました。プレゼンはアナウンサー時代に築いたテクニックが生きて、何とか大過なく終えることができましたが、何ともいえない敗北感に包まれました。

「何とか、無事に終わって良かったな」

会議後は脱力感で、しばらく自分のデスクで放心状態。資料作成のお世話になった皆さ

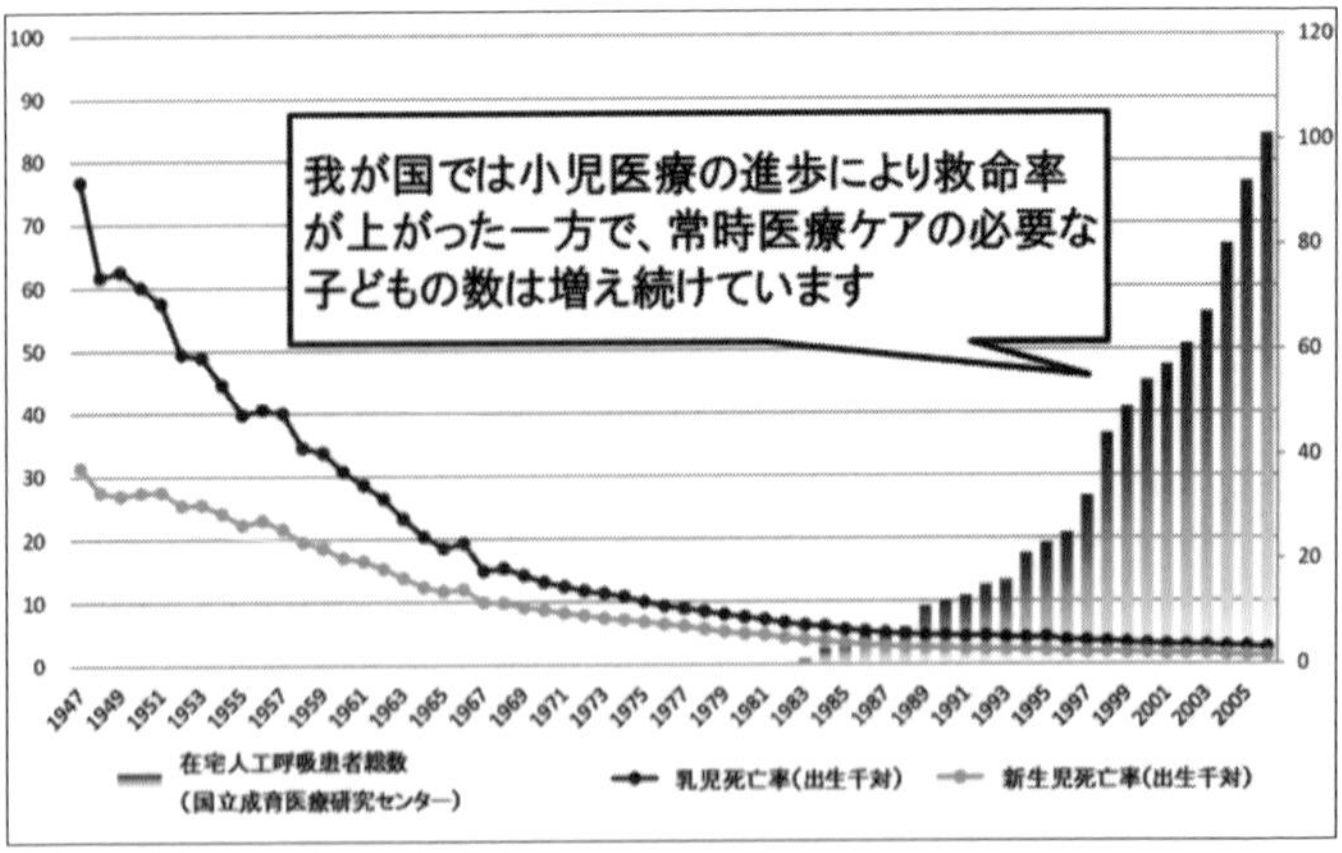

第1回運営委員会用に作成してもらった資料。

んへお礼を言いにいくことにも気が回らず、その非礼に対し、また雷が落とされるというおまけまでつきました。心が折れる感覚を、久々に味わいました。周りの人から「少しやせたんじゃない？」と言われたので体重を測ってみると五キログラム減っていました。

「次の運営委員会の資料は、自分で作る」

それが、僕の新しい目標になりました。

医療用語にアップアップ

前にも少し触れましたが、もみじの家に来た僕がかなり手こずったのは、医療の専門用語でした。ＮＨＫ時代、福祉の分野に興味を抱いていた僕は、医療にはそれほど関心がなかったというのが正直なところでした。だから、難解な医療用語は、僕にとっては行くことのない国の外国語のようなもので、幅広く習得しようという意欲がわくことはありませんでした。

もともと僕は子どもの頃から身体が頑丈で、幸いなことに病院とはほとんど縁がなく、専門用語に深く関わることなく、生きてこられたのです。

ところが突然、僕の周りを医療の専門家が取り囲むようになりました。それもそのはず。もみじの家が対象としているのは、医療的ケアが必要な子どもですので、ケアを担うスタッフの中心勢力は、看護師＝医療のプロたちです。

マスコミの業界用語だったら自由自在に使いこなせますが、病気や薬の名前はメジャーなものしか知らないので、初耳のオンパレードです。さらにそこに、細かい医療機器や略語まで加わり、専門用語の洪水が僕を飲み込んでいきました。

毎週水曜日の午後三時半、もみじの家の二階にある多目的室で、ケアカンファレンスが開かれます。医師や看護師、保育士、介護福祉士、理学療法士、ソーシャルワーカーなど、専門職が一堂に集まり、まもなくもみじの家を利用する子どもの医療的ケアについて総合的に検討する会議です。

このカンファレンスでは、まさに四方八方から医療用語が飛び交い、渦となって僕に襲いかかってきます。そもそも「カンファレンス」という言葉からして医療業界で好んで使われる用語で、ケア会議とは呼びません。あくまでも、ケアカンファレンスなのです。ここで、カンファレンスでよく使われる医学用語をいくつかご紹介しましょう。

○シリンジ：注射器のことです。注射器と言ってくれればわかりやすいのに、シリンジとみんな言います。狭義では、注射針を除いた注射筒をシリンジというそうで、なるほど、もみじの家で使う栄養注入用の注射器には針が付いていません。だからシリンジなのです。ちなみに、一般におなじみの注射器は、正式には〈針つき注射筒〉と呼ぶそうですが、現場では、それもこれも「シリンジ」で通っています。とても、ややこしいです。

○タイコー：「体位交換」の略で、「体交」です。よく使う用語なので、短くして使っているようです。自分で姿勢を変えられない子どもは、床ずれ（これも、難しく「褥瘡《じょくそう》」といいます）にならないように、寝る姿勢をまめに変えてあげる必要があります。これが「タイコー」です。最初の頃は、みんなが真剣に「タイコ」「タイコ」と口々に言っているように聞こえて、何が話し合われているのか五里霧中となりました。しかも、身体の姿勢を表す言葉が、実に難解です。仰向けは「仰臥位《ぎょうがい》」、横向きは「側臥位《そくがい》」、うつ伏せは「腹臥位《ふくがい》」という具合に、ことごとく難しい表現に変換されます。ちなみに、すわっている姿勢は「座位《ざい》」です。漢字で見ればイメージがわくかもしれませんが、耳で聞いただけでは、慣れない者には皆目見当がつきません。でも、おかげさまで今では、「ぎょうがいからざいへタイコーする」と聞こえてきても、頭のなかが混乱することなく、イメージできるようになりました。

○NG《エヌジー》チューブ：NGといえば放送業界では〝No Good（良くない、失敗）〟という意味なので、最初に聞いたときには使ってはいけないチューブだと思いました。でも、よくよく話に耳を傾けていると、文脈からは使っても問題ないように聞こえます。そこで調べてみると、僕の認識が全く間違っていたので、ビックリしました。「NGチューブ」とは鼻から入れて胃に通す管のことで、口から物が食べられない人の体内に栄養を送り込むときなどに使います。

ケアカンファレンスでは、必ず理解不能な単語がふた桁は出てきます。それをコツコツとパソコンで調べることが僕の習慣となりました。一回調べても、年齢のせいかすぐに忘れてしまい、それを何回か繰り返してようやく、「NGチューブ」とは何ぞや、ということを覚えることができます。ところが、その矢先、今度は「マーゲンチューブ」なる言葉が飛び出したので検索してみると、何のことはない、NGチューブの別名であることが判明して、「名前を統一してもらえないか」と思っていると、今度は「胃管《いかん》」という第三の呼び名が出現する。そんな禅問答のようなこともあって、ずいぶん精神が鍛えられたように思います。久しぶりに受験勉強をしたような気分にもなりました。

では、その僕の勉強の成果を披露することにしましょう。

○「NG」は、英語のnasogastric《ネイゾーギャストリック》の略で、「経鼻胃《けいびい》の」という意味です。即ち、鼻を経て胃へと続く経路をさします。

○「マーゲン」は、ドイツ語で「胃」を意味します。チューブは英語ですから「マーゲンチューブ」はドイツ語と英語が合体した、ふしぎな和製外来語です。

○マーゲンチューブを日本語にしたものが、「胃管」になります。

このように少しずつ知識の積み重ねを繰り返した結果、今では、僕も自然に「経《けい》管《かん》栄養はＮＧチューブですか?」と言えるまでに成長しています。

ただ、「これで一件落着」というわけにはいきません。医学が、そんなに甘い考えで通用するわけがありません。「管」の世界は「チューブ」だけで完結できるような単純なものではなく、それ以外に「カテーテル」や「カニューレ」や「ドレーン」という新種が存在するのです。次々とニューフェイスが登場してきて、おかげさまで飽きることはありません。今でも正体不明の言葉に遭遇するたびに、僕はパソコンを開き、検索に追われています。

「人生は一生、勉強である」

もみじの家に来た僕にとっては、この言葉が妙に説得力を増してきました。

エクセル地獄

「資料を自分で作ってやる」。そう見得を切ったのはいいものの、それを達成するために習得しなければならない、必要不可欠な技がありました。それは、パソコンを操作するスキルです。とりわけ僕をキリキリと苦しめたのが、エクセルでした。

自慢にはなりませんが、転職する前は、エクセルなしで何とかなっていました。放送で自分が話すコメント、インタビューで想定される質問項目、生放送でキープすべき時間の目安……。どれをとっても、ワードで文字が書ければ十分です。番組の構成を練るときも、太い線や細い線を引いて枠が作れれば問題なし。提案をまとめるのもワード、手紙を書くのもワード、メモを残すのもワード、ワードが操れれば、僕は無敵でした。

エクセルは多少いじった経験はありますが、とにかく使いづらくてイライラさせられるばかり。文字を打っていると枠からはみ出した部分が消えてしまったり、ふいに奇妙な数式が顔を出して入力を邪魔したり、セルとかいう枠が思いどおりにならずかく乱されたり、一つとして良いことがありません。だから、エクセルには目もくれず、パワーポイントとも全く縁がありませんでした。

ところが、もみじの家のハウスマネージャーとなり、事業計画を策定する立場となると、全く事情が変わってしまいました。エクセルでデータを整理してわかりやすいグラフに仕上げ、最終的にはパワーポイントの資料にまとめなければならないのです。五十三歳となっていた僕にとっては、これもカウンターパンチをくらうような衝撃でした。

「ワードだけで人生逃げ切れると思っていたのに。こんなことだったら、もっと若いうちに覚えておけば良かった」

そんな後悔をしながらも、エクセルの習得にもたついてワードに頼っていた僕に、ある日、こんな声が飛んできました。

「内多さん、ワードで資料を作るのは、勘弁してください」

声の主は、事業計画のデータの集約を手伝ってもらっていた同僚でした。いちばん痛い所に投げつけられたこの一言で、僕もついに覚悟を固めました。

「真面目に、エクセルを覚えよう！」

エクセルを自由自在に使いこなすその同僚にとっては、僕が必死にまとめたワードの資料が扱いづらくてイライラしたようです。僕が個人的にきれいに仕上げたつもりでも、ワードではエクセルのような表計算やグラフ化ができず、結果的には迷惑となって足を引っ張ってしまう現実に、自分の頭の古さを叩き壊す必要性を感じました。

それからは、手引書を片手にエクセルと取っ組み合いです。文字が枠からはみ出して消えてしまったら、「幅を広げる」「改行する」「セルを結合する」なんていう技も身につけていきました。話すのもはずかしい初歩的なテクニックですが、僕にとっては、初めて鉄棒の逆上がりや二十五メートルの水泳やコマ回しで手乗っけができたときのような、ささやかな喜びがありました。

ただ、困ったのは、一つの技を身につけるまでに費やす時間が果てしないことです。何度やってもうまくいかず、ネットの質問箱を開いてベストアンサーを頼りに再トライ。でもなぜか僕にとってはベストではなく、気分はワースト。いろいろクリックしなおした末に、何とかゴールにたどり着いた頃には、終電間近。こんな夜が続きました。

そうこうしているうちに、エクセルを人並みに（かどうかはわかりませんが）使えるようになった僕ですが、一つ諦めていたことがありました。それは、「グラフを書く」ことです。会議の資料にグラフを挿入してくる人は、僕にとって神のような存在でした。

文章を書いたり、文字の大きさや色を変えたり、改行したり、枠の線を引いたり、その程度のことがエクセルで思いどおりにできるようになっても、グラフとなると棒を伸ばしたり、線をジグザグ折り曲げたり、円を扇形に切り分けたりしなければなりません。そんな複雑怪奇な作業は絶対にできないという変な自信がありました。甘ったれの自分が再び顔を出して、自信満々で言い放ちます。

「グラフが必要なときは、誰かに頼んでしまおう」

こんなレベルの僕でしたから、あの技を知ったときの衝撃は、すさまじいものでした。そうです、あの「F11」ボタンです。エクセルでまとめた表を選択し、「F11」を押すだけで勝手にグラフが作成されるなんて！　自分で棒を伸ばしたり、線をジグザグ折り曲げたり、円を扇形に切り分けたりする必要はなかったのです。これを発見したとき、僕はパソコンの前でうれしくてニヤニヤした後、ふと思いました。

「これまでの苦手意識は、何だったのか」

……ずいぶんと拍子抜けしました。

調子に乗っていろいろとクリックしていくと、グラフと数値のデータを同時に表示したり、棒グラフと折れ線グラフを合成させたり、次々と進化形をゲットすることが可能となり、「F11」のおかげで僕自身も急速に進化していきました。

そして迎えた、二〇一七年三月の第二回運営委員会。僕は、一年間の実績や次年度の収支見込みを円グラフに、もみじの家の月別利用者数や見学者数の推移を棒グラフや折れ線グラフにまとめて各委員に配布しました。情

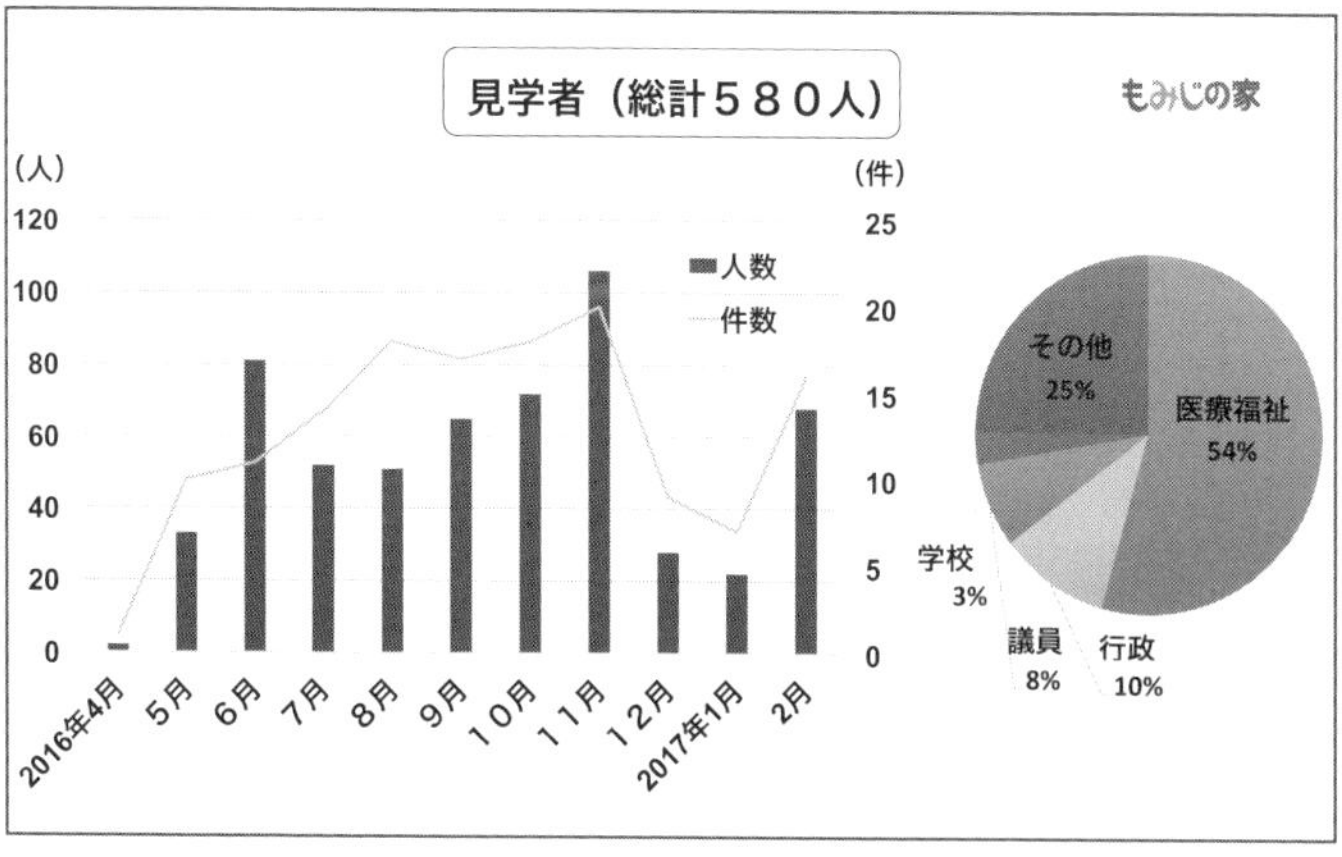

第２回運営委員会用にエクセルを駆使して作成したグラフ。

報の収集も前回に比べて主体的に取り組むことができ、新年度の事業計画はさまざまな立場からの意見を一本に集約することができました。

収支の中身は赤字で、寄付金でカバーしていただいている状況でしたから、決して笑っていられるような状態ではありませんでしたが、それでも僕は少し充実感を味わいつつ、資料を眺めていました。そして、第一回の運営委員会で味わった挫折感からすっかり解放された僕は、のんきにこんなことを思っていました。

「けっこう、きれいにできてるな」

意外と早い、立ち直りでした。

昔もあったおなじようなこと

一九八六年、僕は二十二歳の春にＮＨＫに入りました。

アナウンサーが初めて放送で声を出すことを、業界用語で「初鳴き」といいます。

僕の「初鳴き」は、初任地の四国・高松放送局に赴任して一か月ほどたった頃だったでしょうか。ある日、指導役である先輩アナウンサーが、僕に近づいてきて、前ぶれもなく一言。

「内多、きょう、ラジオのニュースやってみるか？」

その瞬間、ドキドキドキドキ、心臓の鼓動が大きくなりました。

いよいよプロのアナウンサーとしての本格的な仕事がはじまったのです。与えられた仕事は、今でも忘れません。香川県の皆さんに放送する、午後三時五十六分から四時までの四分間のニュースと天気予報です。

何度もニュースを下読みしました。つっかえずに読む練習はもちろん、一つの原稿にどれだけ時間がかかるのか？　人の名前や地名の読み方は間違っていないか？　時間の許すかぎり、確認しました。そして、いざラジオスタジオへ！　トラブルがあったときのため、指導役の先輩アナウンサーも一緒にスタジオに入ってくれました。これまでに研修などでニュースの訓練も積んできています。あとは、やるだけです！

全国放送のアナウンサーの「続いて各地の放送局からお伝えします」というコメ

ントで三時五十六分を迎え、生放送がスタート。

僕は必死で、目の前の原稿を読んでいきました。こんなに集中したことがないというくらいに、一心不乱に。すべてのニュースを読み終え、天気予報に移ろうとして目の前の丸時計をチラッと見ると、赤い秒針がもう真上、つまり「12」に近づいているではありませんか！　とっさに僕は「下読みでは、最後に天気予報をやる余裕があったが、きっと本番はゆっくりになって時間がなくなったんだな」と判断。そこで急きょ天気予報を諦め、「高松からニュースをお伝えしました。まもなく四時になります」と言って放送を終え、マイクのスイッチを切ってホッとひと息。

「何とかなったな」と思っていたら、その直後、うしろにいた先輩の怒りの声で、とんでもないことが明らかになりました。

「バカヤロウ！　まだ一分ある」

何ということでしょう。まだ、三時五十九分だったのです！　読むのがゆっくりだったというのは、とんだ思い違いで、緊張のあまり逆に早く読みすぎていたわけです。急いでマイクのスイッチを入れなおし、天気予報を伝えました。「し、失礼しました。引き続き、気象情報を、つ、……続けます」あわてててしまって、メロメロになったのはいうまでもありません。

こんなわけで、僕の「初鳴き」は、ほろ苦いどころか、ブラックコーヒーのような味わいになってしまいました。

アナウンサーとしてそんな苦々しいデビューをかざった僕でしたが、くよくよばかりもしていられません。このときから、僕はすでに、意外と早く立ち直るタイプだったのです。

初任地・高松にいるうちに、放送のイロハすらわからない状態を何とか解消すべく、さまざまな仕事に取り組みました。マイクの前で読んだり話したりする以外にも、現場に足を運び、原稿を書き、ときには映像の編集まで、幅広く経験を積み重ねました。そのおかげで、僕はテレビやラジオの番組がどうやって作られていくのか、一から学ぶことができたのです。

アナウンサーは原稿を読むだけで現場に行かない、という印象があるかもしれませんが、そんなことは全くありません。僕は、できるだけさまざまな人と直接会って取材し、関心を広げることにも力を注ぎました。

「はじめに」で記した「一日一回は、死にたいと思います」と心の内を話してくれたお母さんに出会えたのも、初任地・高松から培ってきたことの延長線上にありました。


ところで、プロとしてはずかしい話になってしまいますが、声を商売道具にしているアナウンサーでも、ごくたまにその声が出なくなってしまうという悲劇が起こります。よく聞くのは「風邪をこじらせて声がかすれる」というパターンですが、高松放送局時代の僕は、全く思いもよらない原因でその悲劇に遭遇したのです。しかも、生放送の最中に……突然。

NHKのアナウンサーは、たいてい初任地で地元の高校野球の実況中継を経験します。「ピッチャー第一球を投げました。（カキーン）打ちました！」そうです。あの、野球中継です。

僕も一九八六年から一九九一年まで、香川県大会の実況を担当。当時はビッグな選手が目白押しで、のちにアメリカ大リーグのニューヨーク・ヤンキースで活躍した伊良部秀輝《いらぶひでき》投手（故人）や、巨人やオリックスに在籍した元プロ野球選手の谷佳知《たによしとも》選手（柔道の柔《やわら》ちゃん・谷亮子《たにりょうこ》さんの夫！）などが、香川県内の高校で甲子園をめざし、真っ黒に日焼けして白球を追っていました。

その日僕は、ラジオの実況アナウンサーとして球場の放送席のマイクに向かっていました。有力校どうしの対戦というわけではありませんでしたが、試合は一点を争う手に汗にぎる展開。場面は最終回、九回の裏、攻撃中のチームがチャ

高松局時代の高校野球実況中継。

ンスを逃し、ちょっとガッカリという空気が流れている矢先に、劇的なことが起こります。なんと、次の打者がサヨナラホームランをかっ飛ばしたのです。打った瞬間にすぐそれとわかる目の覚めるような打球。ここは願ってもない盛り上げどころだと、僕は精いっぱいの声を張り上げました。

「打った、いい当たり！　打球はレフトへ！　大きい！　のびる！　のびる！　のびる〜〜〜！」そして打球がスタンドに突き刺さった瞬間、当然ながら言わなければならない決めゼリフがあります。

「ホームラン！　サヨナラホームラン‼」

ところが、です。その「ホームラン」の声が出せません。言おう言おうとしても、どうしても口から音が出てこないのです。すぐに僕は気づきました。

「のどがつぶれてしまった……」

そうなんです。調子に乗って「のびる〜〜〜！」と叫びすぎたために、のどが悲鳴をあげてしまったという始末でした。本当に、そこからはしばらく声を出せないまま時間が経過していきました。くやしいことに、ホームランを打った選手がサヨナラのホームインをしても何も言えません。すくいだったのは、僕の隣にすわっていた解説者が、ただならぬ空気を察して「サヨナラホームランですね」と助け船を出してくれたことです。機転のきいたあの一言がなければ、ラジオを聞いていた香川県の人たちは「あの打球はのびていって、いったいどうなったんやろか？　ほんまわからんのぉ」と首をひねってしまうところでした。地獄で仏とは、このことです。声が出なくなる――それはアナウンサーにとって、まさに「恐怖体験」なのです。

生涯、決して忘れることのできない緊急報道

ほかにもいくつか恐怖体験を味わいながらも、僕は五年間、香川県で放送人としての基本を学びました。そして、一九九一年に大阪放送局に異動し、そこから四年間、関西を舞台に仕事をすることになりました。

最初の一年間で記者と同じように取材経験を積んだうえで、近畿地方向けの夕方

のニュース番組へ。初めて本格的にニュースキャスターを務めることになりました。事件・事故の多い関西であわただしくも充実した日々を順調に過ごしていましたが、転勤を半年後にひかえた冬に、突然それまでの何もかもを根底からくつがえしてしまう出来事が起こります。あの阪神・淡路大震災という、これまでの常識が全く通じないような大災害に直面したのです。生涯、決して忘れることのできない緊急報道を通して、僕が何を感じたのか、ここで少しくわしく書かせていただきます。

一九九五年一月十七日午前五時四十六分、兵庫県の淡路島《あわじしま》を震源とする巨大地震が発生。震度七の激しい揺れが襲った神戸市を中心に、亡くなった人は六千四百人以上、市街地は家屋の倒壊や火災で壊滅状態に陥り、電気・水道・ガスなどのライフラインはすべてマヒ状態になりました。今から二十三年前に起きた、まさにそれまで経験したことのない大災害です。

僕は震災の三年半前から、神戸市に住んでいました。芦屋《あしや》市との境にあるNHKの寮で、妻と子どもふたりの四人暮らし。休日には中華街（南京町）で買い物をしたり、六甲山《ろっこうさん》の牧場に遊びにいったり、有馬温泉でくつろいだり、笑顔が絶えない穏やかな時間が当たり前のように流れていました。しかし、震災は一瞬にして、その「当たり前」を一変させたのです。

実は、震災の当日、偶然にも僕は遅い年始の休暇を取っていて、家族と一緒に妻の実家、四国の香川県にいました。その朝は、高松でも震度四の揺れがあり、僕はすぐに飛び起きて居間のテレビをつけました。時間がたつにつれて被害の甚大さが明らかになり、当時勤務していた大阪へ急きょ戻ることを決意します。しかし、地震の影響で瀬戸大橋を通る鉄道や道路はもちろん、空の便もストップしたまま。何とか大阪港に向かう高速船を

阪神・淡路大震災で倒壊した家屋（神戸市三宮）。

見つけ、緊急報道で騒然としている大阪放送局に到着することができたのは、その日の夕方でした。

それからは連日連夜、震災のニュース一色です。急速に増えていく犠牲者の数、悲しみにくれる遺族の涙、廃墟と化した商店街の焼け跡……。緊急の特別番組が次々と組まれましたから、一つの番組が終わってスタジオから出てくると、すぐさま次に伝える情報を整えて、再びスタジオに向かうという繰り返しです。それが、来る日も来る日も続きました。

一心不乱に情報を伝え続けるうちに、いつのまにか一週間が過ぎていて、僕はふと自分の家のことが気になってきました。家族は香川県内の実家にとどまっているので心配なかったのですが、僕はそれまでずっと放送局のなかなどで寝泊まりをしていたため、神戸の自宅がどうなっているのか、確認しにいきたい気持ちがつのってきたのです。

そこで、急きょ車で神戸に向かいました。市の中心部に近づくにつれて倒壊家屋が増えていき、ガスもれしているのか、不気味なにおいもただよってきます。地面があちこちでこぼこしているため、少し平衡感覚がおかしくなりながら、久しぶりにわが家にたどり着きました。住んでいた寮が倒壊していなくて、まずは一安心です。仕事を終えたあとに出発したため、到着は深夜。電気は止まったままなので、あたりはやみに包まれています。しかも、まだ大きな余震のおそれがあって、いつ自分が被害に巻きこまれるかわかりません。僕はヘルメットをかぶり、懐中電灯をたよりに確認、意外と被害が小さくてホッとしたことを覚えています。食器棚からは皿やコップが飛び出して粉々に砕け、スリッパをはかないと危険な状態でしたが、大きな家具が倒れていることはなかったし、ふしぎなことに棚の上では写真立てがしっかりと倒れずにがんばっていました。本当に運がよかったのです。

僕はとりあえず大切なもの、現金や印鑑、家族の思い出の品などをかき集め、余震が来る前に、足早に神戸をあとにしました。

大阪に戻る途中、僕は「運命」という言葉を強く実感していました。自分の住む家は被害が小さくてすみましたが、そのすぐ南隣の地区では、住宅が軒並み全壊し、ガレキと化してしまっています。住んでいる場所がほんの数十メートル違うだけで、その人の生死が大きくわかれてしまうことを目の当たりにし、脳裏に強烈に焼きつきました。阪神・淡路大震災では、このほかにも運命的と思える出来事が数多く起こりました。僕のように、たまたま被災地から遠ざかっていたのとは逆に、震災の日に神戸の実家に帰省していて被災した人たちもいます。大きな家具の下敷きになって命を落とした人もいれば、ピアノが自分の上をうまく飛び越えていって一命をとりとめたという、信じられないような逸話も伝わってきました。この巨大地震は、僕のアナウンサーとしての意識にも貴重な教訓を残しました。

震災直後は、続々と入ってくる被害状況をきめ細かく伝えることに忙殺され、その日の放送をかえりみる余裕など、全くありませんでした。

そんな日々が少しずつ落ち着きを取り戻してきた頃、僕は、自分の担当する番組の内容に違和感を持ちはじめていました。トップニュースに「復興について話し合う会議が開かれた」「政府関係者が被災地を視察した」という項目が目立ってきたからです。ニュースの役割として、その日に何が起きたのかを伝えるのは当然のことですが、それを知ったところで、寒さのなか、不自由な避難生活を余儀なくされている人たちにはなんの役にも立ちません。それよりも、「自分の家では、いつ電気やガス、水道が復旧するのか」が知りたいと、被災地の住民である僕自身も強く感じていました。生活に密着したライフラインに関する情報のほうが、被災者にとっては、当然知りたい重大ニュースだと思ったのです。

僕は、放送局に勤める人間として、アナウンサーとして、本当に役立つ情報が出せないことに、もどかしい気持ちでいっぱいでした。

しかし、僕が担当していた番組は近畿地方の二府四県向けの放送で、大きな被害の出ていない、たとえば、奈良や和歌山の人も、もちろん見ているわけです。その人たちにとっては、被災地限定の細かいライフライン情報は、関心がないかもしれません。それでも、僕は、「被災地以外の人には全く関係のないことでも、被災者のための具体的な情報を、何とかして出したい」という思いがだんだん抑えられなくなっていきました。

ある日、僕は「放送のなかでライフラインの復旧計画を伝えたい」という気持ちを番組の責任者に直接訴えましたが、なぜかすぐによい返事はもらえません。しばらくは、何となくお茶をにごすような対応が続き、僕の希望はすんなりとは実現しませんでした。そうこうしているうちに、地元・民放局のニュースを見ると、ショックなことが起こっていました。ライフラインの情報が、きめ細かく伝えられていたのです！　再び、責任者に直談判しましたが、あいかわらずはっきりしない反応。僕はつい熱くなってたたみかけました。

「民放でやっていることが、どうしてできないんですか？」

そこで返ってきたのは、切実な答えでした。

「人手が足りないんだ……」

テレビで情報を伝えるためには、さまざまな仕事が必要です。たとえば、

・正確な情報を入手する。
・それを、テレビの文字画面にするための発注用紙に書きこむ。
・画面を作成するセクションに発注する。
・できあがった画面に間違いがないかどうかチェックする。

シンプルな作業ではありますが、少しの間違いが被災者の暮らしに大きな影響を

与えるため、細かい神経を使います。しかも、いったんはじめたからには、「きょうは忙しいから、お休みします」というわけにはいきません。

ただでさえ、これまで経験したことがない震災報道でハチの巣をつついたような状態のニュースの現場に、そんな余裕が残っていなかったのは、まぎれもない事実でした。かといって、キャスターの負担を増やすこともしたくない。きっと番組責任者はそう思い、ライフライン情報をやりたいけれどできない、悩ましい気持ちだったに違いありません。ただ、このままでは、被災者に必要な情報が不足したままになる。僕は自分で引き受ける決断をしました。やりたいというだけで何もしないのは嫌でしたし、がんばれば、ほかの業務と並行しても何とかなる仕事だと思ったからです。この申し出に、現場のスタッフたちも賛同してくれました。

こうしてようやく、番組のなかに「ライフライン復旧情報」というコーナーが新設され、○○町○○丁目という細かい範囲で、明日は電気・ガス・水道がどうなるのかという「暮らしに直接関わる情報」を毎日、放送することができるようになったのです。その後は、不通になっていた道路や閉鎖されていた施設の復旧情報など、足元で起こっている復興や、被災者が希望を持てる内容を積極的に番組に盛りこんでいこうという機運がスタッフのなかで高まっていったように思います。

困っている人たちが必要とする生活情報を集めて放送に乗せることで、はたしてどれだけの効果があったのか定かではありません。もしかして、僕のひとりよがりだったかもしれないと感じるときもあります。でも、今でもあのときとった行動を後悔はしていませんし、何よりも、この経験は、その後の僕にとって、とても大きな意味を持ちました。なぜなら、それからは常に、「誰に伝えようとしているのか」を強く意識するようになったからです。放送を通じてメッセージを伝えようとするとき、いつもそれは強力な武器になってくれました。

そして、このことは、アナウンサーを辞め、もみじの家のハウスマネージャーをしている今の僕にとっても、大きな武器であることに変わりありません。「誰のために仕事をするのか」を常に忘れないようにしています。

正義の味方への憧れ

僕にとって、NHKを退職したのは（おそらく）人生最大の決断でした。

「アナウンサー、辞めちゃったんですか！」

「どうしてまた、もったいない」

「お給料が下がるでしょう」

アナウンサー時代の僕を応援してくれていた人やNHKの同僚たちが、口々にびっくりしたり心配したりしてくれました。でも、正直なところ、いちばん驚いているのは、僕自身です。

実は、性格的には超安定志向で、現状維持のままおとなしく定年まで勤めあげるつもりでいたので、まさかまさかの大転身に「まだ自分にもこんなエネルギーが残っていたんだ」と他人事のように感心するほどです。

では、なぜ僕がNHKを辞職して福祉の世界に飛び込む決断をしたのか、幼少の頃からの心の変遷を思い出しながら、この章の最後に書き進めることにします。

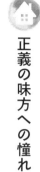

「義を見てせざるは勇無きなり」（人としておこなうべき正義と知りながらそれをしないのは、勇気がないからである）

僕は、孔子《こうし》の論語に出てくるこの言葉が好きです。「義を見てせざる人間にはなりたくない」と、密かに思っています。

しかしながら、「おまえは実行が伴っているのか」と問われると、胸を張ってそうだと言えるわけではありません。

正義の記憶をたどると、話は五十年ほど前にさかのぼります。僕は小学生の頃、正義の味方への憧れが非常に強い少年で、特に、仮面ライダーへの執着は半端ではありませんでした。

常に弱い人の味方になり、大勢の敵に対しても単身ひるまずに立ち向かう姿に、すっかりとりこになってしまったのです。テレビの前にくぎ付けになったのはいうまでもなく、学校では来る日も来る日も「仮面ライダーごっこ」（もちろん、僕はライダー役）。おかげで、当時の写真は変身ポーズでキメているものばかりになってしまいました。大人になってから見ると、はずかしいかぎりです。「勧善懲悪《かんぜんちょうあく》」

という言葉がまだ輝いていた昭和四十年代、僕はそんな環境のなかで、正義とは何かを学んでいったように思います。

でも、どういうわけか、中学、高校と進むうちに、正義の感覚は影を潜めていきました。特に大学時代は個人の楽しみのためにほとんどの時間を費やし、授業をサボったり深夜まで遊びほうけたりの毎日でした。

学問への情熱を失い、本を読む気さえ起きませんでした。将来自分が進むべき道を探ろうともせず、誰かのために力になろうという精神は消えうせていたように思います。時代はまさにバブル経済を巻き起こそうという上昇気流が勢力を強め、社会全体が浮かれていました。その気流に乗り損ねた人たちへの視点など、個人主義を突っ走っていた僕は全く持ち合わせていませんでした。昭和という時代がそろそろ終わろうとしていた頃、モラトリアムまっただなかの僕は、なんともお気楽な人生を謳歌していたのです。

音楽は大好きでした。楽器を演奏することは一切できませんが、熱心にヒット曲を聞いていました。そんなあるとき、能天気な大学生の僕の耳に、あるミュージシャンの歌が強烈なインパクトで飛び込んできました。二十六歳で亡くなったカリスマ的シンガーソングライター、尾崎豊《おざきゆたか》です。

学校や社会が抱える不条理や生きることの意味を、メッセージ性のある歌詞と魂から絞り出すような歌声で問いかけるスタイルに、当時の若者の多くが心をわしづかみにされました。僕も、繰り返し繰り返し、尾崎豊の世界に浸るようになりました。今思うと、やはりそこには、正義の感覚が宿っていたように思います。仮面ライダーのように、わかりやすい悪物が存在するわけではありません。尾崎豊が立ち向かっているのは、大人や社会という漠然とした対象であり、矛盾をはらんだ規則や既成概念でした。それが「自由」という大切な権利を脅かす悪の存在と感じたからこそ、尾崎豊は牙をむいたのだと思います。久しぶりに正義の感覚を呼び覚まされるような、頭を思い切りひっぱたかれたような、衝撃的な体験でした。

ちゃらんぽらんだった二十歳の僕は、尾崎豊にインパクトを受けて、ようやく真面目に自分の将来進む道を考えるようになったのです。

教育学部生だったので一時は教師の道をめざしたこともありましたが、縁があってNHKのアナウンサーとなり、社会人となった僕は番組を通じてメッセージを伝えることを生業《なりわい》とするようになりました。

「放送で、社会を良くしたい。番組で、人を幸せにしたい」

放送に携わる者として、若い頃、僕はこんなことを夢想していました。それは、極めて曖昧模糊とした情熱でした。具体的な方法論があったわけではありません。何の実績もない、大学を卒業したばかりの若僧が、どうしてそんなに大きな夢を描けたのか。それはやはり、僕という人間が、テレビからさまざまな価値観を吸収し、影響を受け、成長してきたからだと思います。幼い頃は仮面ライダーの「正義感」や巨人軍・王貞治《おうさだはる》選手がかっ飛ばすホームランの「絶対的な強さ」に熱狂し、思春期にはヒューマンドラマで描かれる「人間性の奥深さ」を学び、成人してからはドキュメンタリー番組が伝える「真実」に胸が躍りました。長い間、テレビから感動や興奮や生き方のヒントを注入されてきた経験が、「自分にも何かできるかもしれない」という妄想を誇大に膨らませてしまったようです。

晴れてマスコミの一員となった僕ですが、困ったことに、政治や経済には無関心、事件事故にも興味がわきません。そんな僕は自然と、福祉の現場を取材するようになっていきます。

今も記憶に残る、僕の初任地でのエピソードを、42ページに加えてもう一つご紹介しましょう。

ある日、香川県で行政からの補助を受けて運行されている福祉タクシーが財政難から廃止される方針だという情報が流れてきました。僕は早速、福祉タクシーで外出することで社会との接点を保っている車椅子の男性を取材し、男性が地域で孤立せずに暮らすためには福祉タクシーが大切な存在になっていることをローカル放送のニュース番組でリポートしました。

そして放送からしばらくたって、事態が一変しました。今度は一転して「福祉タクシー存続へ」というニュースが伝えられたのです。取材でお世話になった車椅子の男性が喜んでいる様子が、目に浮かぶようでした。これは僕にとっても、純粋にうれしい体験でした。何となく人の役に立てたんじゃないか、困っている人の力になれたんじゃないか、もしかしたら小さな正義を実行できたのかな、そんな気分になった記憶が残っています。

テレビの仕事は放送されたら終わり。苦労して番組を作っても、こちらの思いが一〇〇%伝わることは、めったにありません。無力感を感じることも、しばしばです。でも、福祉タクシーの放送で感じた手応えは、僕に少し自信をくれました。

「大勢の人を幸せにすることはできなくても、ある一人の幸せについて深く考えることが、社会を変えるきっかけになることがある」

そう実感することができたからです。この経験によって、自分のめざす方向は、「誰かが耳を傾けなければ孤立して埋もれてしまう声を、ていねいにすくい上げること」に定まったように思います。

「僕は、一人ひとりの幸せに目を向けた放送をめざそう」

マスコミ人となった僕にとっての正義がおぼろげながら見えてきた、初任地、四国・高松での出来事でした。

NHKのなかでキャリアを積むごとに仕事の可能性が広がっていきましたが、その一方で、壁を感じることも増えていきました。自分が正しいと思う方向で番組を提案するのですが、社会的に議論を二分するような大きなテーマであれば、いくら情熱を持って臨んでも、個の力だけで実現させることは困難です。社会を良くするためと思って書き上げた企画書も、決定権のある管理職のハンコがなければ、ただの紙クズとなります。高い壁を乗り越えられず、自分が夢を描いた放送という世界に限界を感じるようにもなりました。番組を通して表現したかった正義の姿も輪郭がぼやけていきました。

そんなあるとき、仲間のディレクターや先輩プロデューサーの協力もあって提案が通り、番組が一つ生まれました。それは、明石徹之《あかしてつゆき》さんという自閉症《じへいしょう》の男性が川崎市の公務員として働いている姿を記録したドキュメンタリーでした。

自閉症は先天的な脳の機能障害が原因とされる発達障害の一つです。一般にコミュニケーションが苦手で、こだわりが強い傾向があります。徹之さんも水やトイレが大好きで、子どもの頃は、道行く人にホースで水をかけたりして叱られていました。母親の洋子《ようこ》さんは、そのこだわりをやめさせようとしましたが、徹之さんがパニックを起こしてしまうので、それもできません。

そこで、逆転の発想が生まれます。

「こだわりは人一倍興味が強い証拠。それを生きる力にすれば良い」

洋子さんは、水を存分に使える風呂やトイレの掃除を徹之さんに教えました。時間はかかりましたが、徹之さんは誰よりもピカピカに掃除ができるように腕を上げました。さらに、洋子さんと二人三脚で猛勉強を続けた末に公務員試験にパスし、川崎市の老人ホームで清掃の仕事を誠実に続けています。

こんな番組でした。

僕は番組が放送されること以上に何かを期待していたわけではありませんでしたが、放送後しばらくして、洋子さんが、ちょっとうれしい話を聞かせてくれました。

「あの番組ができる前は、自閉症のこだわりは絶対にやめさせるべきだ、というのが世間の常識でした。でも、あの放送の後、無理矢理やめさせることはなく、その人の個性としてとらえるべきだという認識に変わってきています」

番組制作の現場にいると、放送は送り手からの一方通行で、一体何の役に立っているのか疑心暗鬼になることがしばしばですが、このときばかりは違いました。

「テレビって、やっぱり捨てたもんじゃない」

この番組は、自閉症という、当時はほとんど知られていなかった障がいにスポットを当てたものでした。それを正義と呼べるかどうかはわかりませんが、地味で目立たない営みで視聴率が期待できなくても、放送で光を当てることで、それまでの社会の価値観を揺るがすような波紋が広がることもある。そんな手ごたえを感じた経験でした。

さらに、「その人にとって幸せとはいったい何なのか？」ということについて深く考えさせられる体験にもなりました。それは、ひとりよがりに想像するものではなく、当事者の声に耳を傾け、寄り添わない限り、決してわからないものだという明確な答えを、僕に与えてくれたのです。

自閉症という言葉には、どうしても「心を閉ざしている」というイメージがつきまといます。取材をはじめる前は、僕にもそんな先入観がありました。

ところが徹之さんに接してみると、心を閉ざすどころか、よく喋る、絵も上手、カラオケも大好きです。コミュニケーションが苦手なだけで、意思疎通が全くできないわけではありません。挨拶をすれば、誰も真似ができないような大きな声で、「おはようございます！」と、一つひとつの音をハッキリと正確に発音します。その一途な発声は、自然と周りに微笑みをもたらしていました。休みの日には、一人でふらっと自転車旅にでかけ、ビールのつまみも自分で器用にササっと料理します。僕よりもはるかにアクティブで、いきいきと自立しているようにも思えました。そして気がつくと、徹之さんの暮らしぶりや生き様は、僕が勝手に抱いていた思い込み（自閉症→障がい→気の毒→不幸）を、あっさりと消し去っていたのです。狭い世界で積み上げただけの自分勝手な常識を、きれいにリセットしてもらったような気分でした。それはすなわち、「その人にとって何が幸せなのか」を判断する基準に修正を迫る体験ともなったのです。

「自閉症の息子を抱えると、お母さんは不幸な一生を送ることになるんだろう」

こんな決めつけも、何の意味も持たなくなります。一般的な幸せの形とは一味も二味も違いますが、息子が公務員という安定した仕事に就き、地域の支えもあってずっと親子が一緒にいられる。洋子さんは今、自閉症の息子と過ごす日々を「幸せ」

だと感じています。そして息子の徹之さんについても、「本当に幸せな人生を歩んでいる」と思っています。

僕は教えられました。

「幸せとは極めて個人的なものだから、ほかの誰かの幸せや不幸せを自分勝手に判断することは戒めなければならない」

「誰かの幸せを支えることが正義だとするならば、それを実行するためには、まず、その人の真の声に耳を傾けようとする姿勢が欠かせない。そうしなければ、何が正義なのかを正しく判断することはできない」

〈ヒーロー対悪者〉という単純な構図でしか理解できなかった子どもの頃の「正義」が、ようやく一皮むけたようでした。徹之さんとその家族を通して学んだこの教訓は、今も僕の仕事を支える大切な原点となっています。

五十歳を超えて一大転機

それから十四年たって、僕は運命的な番組を担当することになります。医療的ケアが必要な子どもたちが退院した後、家族の暮らしをどう支えていくのかをテーマにした「クローズアップ現代」です。

放送の三年後に僕の新天地となる「もみじの家」が掲げる理念と、まさにぴったり重なるテーマでした。

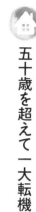

取材を通して僕が目にした現実を、プレイバックしましょう。

各地の小児病院で満床状態が続くＮＩＣＵ（新生児集中治療室）。小さなカプセル（保育器）のなかで、呼吸管理や栄養注入のためのチューブをつけられた赤ちゃんたちが必死に命をつないでいました。なかには、チューブをつけたままの状態で退院していく子どもたちもいます。次にＮＩＣＵを必要とする赤ちゃんのため、それはやむを得ないことでした。医療技術が進歩したことで新生児の救命率が向上した反面、手厚い医療処置が必要な状態のまま自宅に戻らざるを得ない子どもたちが増え続け、退院後も家族には終わりの見えないケアの負担がのしかかることになるのです。

二十四時間三百六十五日気持ちを張り詰め、落ち着いて眠る時間を持てず、神経をすり減らしながら子どものケアを続けているお母さんたちが全国にいます。「はじめに」でも書いたように、「一日一回は、死にたいと思います」という切実な母親の言葉に、このときの取材で僕は初めて触れました。

まさに社会や制度から遠ざけられた、埋もれた声を突きつけられた思いでした。退院という言葉は、決して良いイメージだけでなく、その後に背負わなくてはならない、いつ終わるとも知れない過酷な日々のはじまりでもあるということを、思い知らされました。

番組本番の冒頭のスタジオで、僕はこうコメントしたことを今でも覚えています。

「今や世界で、もっとも新生児の命を救うといわれる日本ですが、今度は、救った命をどう守っていくかという、新たな宿題を背負っています」

そのシビアな現実に光を当てたいと、僕が直接ロケをした現場の一つが、国立成育医療研究センターだったのです。

当時はまだ「もみじの家」ができるという話はかけらも聞こえてきませんでしたが、後日、取材を通じて交流を深めた関係者から「もみじの家」が近々創設されるという情報とハウスマネージャーを担う人材を探していることを知らされ、転職の一大決心にいたりました。仕事を通じて太くなっていった人のつながりが、突然、僕の人生を思わぬ方向に軌道修正していきました。

「クローズアップ現代」で、ほとんど顧みられることのなかった社会的課題に一筋の光を当てることはできましたが、放送が済んでも課題は未解決のまま依然として大きく横たわったままです。自分のなかに刻まれた問題意識も深く沈殿していきました。

「もみじの家」は、その重い宿題を少しずつ軽くできる可能性を秘めた現場として、僕の目に魅力的に映ったのです。

マスコミ業界から、全くの畑違いである福祉現場への転職に、僕の家族や知人・友人たちは一様にビックリしていました。かくいう僕にとっても思いがけない大転換ではありましたが、実は根っこの部分ではつながっているのも確かなことです。それは、やはり「正義の感覚」に似たものだったといえるのだと思います。「もみじの家」は、退院後も医療的ケアが必要な子どもと家族が、数日間安心してゆったり過ごしながら、活力を養える環境を提供する施設です。将来的には、同じような施設が全国に広がるためのモデルとなることをめざしています。まさにそれは、苦しんでいる一人ひとりに寄り添いながら社会を変革していこうという試みといえます。そして放送を通じて僕が取り組んでいた「一人の幸せを深く考えることで、社会を変えていくことをめざす」営みと一致するのです。

もう一つ、僕が「もみじの家」に籍を移す際、自分が持っている資格が強い追い風となりました。

それは、社会福祉士という国家資格です。あまり知名度はありませんが、ソーシャルワーカーとも呼ばれる専門職で、福祉施設や病院などで活躍しています。簡単にいうと、支援を必要としている人と、その人をサポートする人材や制度を結び付けることが仕事です。福祉をキーワードに放送の仕事をしていた僕にとって、社会福祉士が果たす役割は、徐々に魅力的なものに感じられるようになっていきました。

そして、いつかは福祉の歴史や制度をじっくりと学ぶ機会を持ちたいと思っていたこともあって、五十歳を目前に控えた僕は一念発起し、資格を取るため専門学校の門を叩きました。大学以来のレポート提出や社会福祉法人で障がい児のケアにあたる実習に追われながらも、新入生として新鮮な日々を送りました。

学習を進めるなかで、いくつかの魅力的なキーワードとの出会いもありました。困っている人を支援するために地域にある医療や福祉の社会資源をつなぐ「ソーシャルネットワーク」、必要な社会資源がない場合は自ら政策や制度を創設するために働きかける「ソーシャルアクション」。こうした言葉には、どこか正義の響きが感じられ、社会福祉士をめざしたことは、僕にとって必然だったのかもしれないと思えるようになっていきました。

もし、社会福祉士の資格を取得せず、元NHKアナウンサーという肩書きだけだったら、医療と福祉の専門職が連携する「もみじの家」に招かれることはなかったと思っています。ただ、学習をはじめた当初から、資格をどう活かすか明確なイメージを持っていたわけではありません。定年後に「福祉のおじさん」として、何とかどこかに雇ってもらうためのアドバンテージになればいいな、という程度の目的でした。それが、想定外の転身を招くことになろうとは、「本当に、人生何が起きるかわからない」と、つくづく感じています。

長年マスコミの人間として仕事をした後、五十三歳になる春に、私は「もみじの家」の初代ハウスマネージャーに就任する縁をいただきました。五十歳を超えてから、全く新しい世界に飛び込んだのは、困っている人や支援を必要としている人たちのための一助になりたい、もしかしたら、「もみじの家」でささやかな正義を実行できるかもしれないと思っているからなのかもしれません。

こうして自分の半生を振り返ってみると、NHK時代の三十年間は、まるで「もみじの家」で医療的ケア児と家族が抱える課題解決に取り組むための長い助走だったようにも思えます。

「義を見てせざるは勇無きなり」

実行するのは至難の業ですが、少しでもその境地に近づいていきたいと思います。

第二章

医療的ケアの現実にせまる

医療的ケア児と家族の主張コンクール

第二章では、まず、もみじの家が二〇一八年一月に企画した「医療的ケア児と家族の主張コンクール～未来の夢と希望を発信しよう～」（主催：一般財団法人 重い病気を持つ子どもと家族を支える財団／後援：厚生労働省、川崎市、国立成育医療研究センター）に寄せられた、当事者たちの声に触れていただこうと思います。

このコンクールは、これまでほとんど聞かれることがなかった医療的ケア児と家族たちの実情を広く社会に発信することを目的としたものです。

「医療的ケア児と家族の主張コンクール」のようす（発表者は岡《お》田《かだ》絵《え》莉《り》香《か》さん）。

発表する内容は、「地域のなかに受け入れ先がない悩み」「望ましい支援や制度」「将来の夢や未来の希望」など、医療的ケアに関することなら自由です。コンクールには関東地方を中心に、宮城県、広島県、沖縄県など全国各地から二十三の作品が寄せられました。この二十三の主張のどれにも、日頃声に出したくても出せない気持ちや悩みや心配、そして夢や希望が凝縮されていました。

実際の作品を通して、皆さんも医療的ケア児と家族が置かれている現実に触れてください。

（ページの関係で全部は紹介できませんので、一部とさせていただきます）

◉生きてるだけじゃだめ　東京都／辻《つじ》　京子《きょうこ》

「生きてるだけじゃだめ」私は、そう思っています。

私が、よく耳にする言葉があります。

「生まれてきただけ、よかったよ」

確かに、しょうちゃん、生まれてきてくれて、ありがとう。

しかし、「生まれてきた」だけでいいのでしょうか？

私は、どんな子が生まれても、その子も家族も普通に生活できる社会になることを望んでいます。

「生きているだけじゃだめ」、人として、選択でき、自由であり、そして、社会のなかで生きていく、それができなければ、だめなんです。

二〇一三年に誕生した息子は、出生前診断により、口唇口蓋裂《こうしんこうがいれつ》だとわかりました。息子は、出産時、気胸《ききょう》になり、NICU《エヌアイシーユー》に入院し、治療が終わると、ほ乳の練習のためにGCU《ジーシーユー》（NICUで治療後、状態が安定した赤ちゃんが移動してくる治療室）に移り、その後、障がいがあることが判明しました。

退院後は、ほ乳がうまくいかず、夫と私は、ほとんど寝ないで、絞った母乳を何とか息子に飲ませようとする生活が続きました。親としては、口から栄養をとってほしいと思い、母乳を絞って、ほ乳瓶やシリンジに入れ、口から飲ませていましたが、精神的にも限界となり、医療的ケアである経管栄養に踏み切りました。

医療的ケアをしたことで直面した問題は、医療的ケアがあるという理由だけで、保育園や児童発達支援施設などの受け入れを断られることでした。

理由はいろいろあるのでしょうが、よく告げられたのは、「安全が確保できない」ということです。

断られるたびに、住んでいる地域では医療的ケアのある息子の居場所がないという悲しい気持ちになりました。

口唇口蓋裂の手術が終わり、息子は三歳になり、私は仕事復帰の準備をはじめました。

待機児童が社会問題となっており、普通の子どもですら保育園に入園できないので、障がい児は厳しい状況です。そのうえ、医療的ケアがあると、さらに厳しい状況です。

三歳というのは、親から一歩離れ、年少さんとして幼稚園や保育園において、社会生活を経験しはじめる年齢です。

母親も少しずつ、子離れの準備をする時期です。

仕事をする人もいれば、そうでない人もいる、次の子どもの出産を考える人もいます。

しかし、医療的ケア児やその母親にとって、その普通の考えや生活、人生の選択が簡単にはできません。

結局、私は仕事復帰しましたが、息子は保育園に入園できませんでした。

そのため、息子の預け先を確保する必要がありました。

無認可保育園などには、医療的ケアがあるため預けられないので、公的支援を利用したり、私費のサービス、訪問看護などをつなぎ合わせ、仕事復帰しました。

このとき苦労したのは、息子の医療的ケアをしてくれる「人」の確保でした。

社会福祉士及び介護福祉士法の一部改正により、介護福祉士及び一定の研修を受けた介護職員等は、一定の条件の下に痰吸引等の行為を実施できることになり、医療的ケアができる人の範囲は広がりました。

しかし、実際にお願いできる人が少ないのが現状です。

区から公的支援の決定がされても、一定の資格のある人を探すことができなければ、公的支援を利用することができません。

法や制度があっても、実際に支援してくれる人がいなければ、それは意味のないものなのです。

その後、息子は区立保育園に入園できました。

医療的ケアは、保育園の看護師さんがおこなっています。

息子は、お友達から刺激を受け、助けてもらい生活しています。

ほっぺに経管栄養のテープを貼っている息子は、一目見ただけで覚えてくれ、人気者です。

入園前は、経管栄養のチューブをほかの子が抜いたらどうしようなど、心配する声があったのですが、子どもたちはそんなことはしません。

子どもたちは息子の存在を、当然の存在だと考えてくれています。

経管栄養のチューブを引っこ抜くことなく、医療的ケアを見守ってくれています。

息子が生まれて、医療的ケアがあるだけで、なぜこんなに普通の生活ができないのか、そして、母親は人生の選択が普通にできないのかと感じています。

ここには、社会資源の不足、受け入れる側の知識不足、偏見、法律や政策、いろいろなことが関係しています。

制度や法律ができても、人材を確保することができない問題。

また、医療的ケアがある子どもの受け入れに、過度にリスクを感じる社会。

こういった要因が、子どもと母親の普通の生活を奪っている。そして、医療的ケア児とそうでない子どもとの交流の機会を奪っていると思います。

今後、医療的ケアがあっても普通に生活できるよう、制度の充実とともに、制度を利用できるよう、それを支える人材育成について、更なる支援をお願いしたいです。

私たちはたくさんの支援を頂き、保育園に入園でき、私は職場復帰することができました。

息子の通う保育園の子どもたちは、医療的ケアの子どもがいることを知りました。

こういう生活が、息子が「生まれてきただけではない」、「生きている」証なのです。

息子がただ生きているだけでは、だめなんです。

生きたいように、生きられないと。

そして、選択でき、自由であり、社会のなかで生きていく。それができなければだめなんです。

私は、息子が、地域の学校に行き、医療的ケアがあるけれど、受け入れられ、そして、普通の子どもと同じように、将来、親元から自立してくれる、そんな未来に期待しています。

◉わが家に医療的ケア児が生まれて　東京都／太刀川永一《たちかわえいいち》

二〇一三年十月、わが家の長男、昂志《たかし》が誕生しました。生後数日も経たないうちに、無呼吸やしゃっくり、昏睡《こんすい》といった症状が現れ、生後一週間で大学病院のNICUに転院することになりました。

人工呼吸器による呼吸管理で新生児初期を乗り切り、命をつないだ息子。しばらくして自発呼吸が再開。ミルクを口から飲めるようにもなりました。GCUに移り、もう大丈夫と安心していた矢先、検査の結果から息子の病名が判明したときには、生まれてから二か月が経過していました。

息子は「非ケトーシス型高グリシン血症」と診断されました。先天性のアミノ酸代謝異常疾患の一つで、分解されないグリシンが蓄積されることにより、脳や神経系の活動に重い障がいをもたらす病気です。

そのため、身体の成長は認められるものの、知的・精神的な成長や発達は見られません。有効な治療法は確立されてなく、進行型の非常に稀な病気といわれています。症例数の少なさから日本では難病に認定されていません。

私たち夫婦は、息子と同じ病気の方を患者に持つ先生を探し出し、セカンドオピニオン外来の受診をするため、遠方にある病院へ出向きました。

「地域社会のサポートを最大限に利用して障がい児を育てていかないと、家族が精神的な病気になる可能性が高いので、注意してください」と、在宅医療的ケアを念頭に置いたアドバイスを先生からいただきました。

その後、口から食事を摂取することが困難になった息子は、病床で一日五回、鼻からのチューブによる経管栄養摂取と薬の服用が必須となりました。妻は、産後休業と育児休業の間、朝から晩まで毎日息子に面会。医療的ケアだけではなく、オムツ交換や沐浴《もくよく》、搾母乳《さくぼにゅう》などもこなし、ずっと息子の側にいました。

息子が一歳になる直前、妻は、無理が生じて統合失調症《とうごうしっちょうしょう》になり、精神（科）病院に入院しました。息子だけでなく妻にも面会していたため、私の生活は多忙に一変しました。私は一人きりで、不安な日々を過ごしました。

息子は二歳になっても首がすわらず、自力ですわったり立ったりすることはできませんでした。言葉によるコミュニケーションも困難でした。脳波異常やけいれん発作、嘔吐《おうと》を頻繁に繰り返していました。

主治医から息子のGCUの退院の話があった時点で私は離職することを決意。約半年間かけて、在宅医療的ケアの準備や練習に励みました。積極的に、医療的ケアに関する情報を集めたり、息子に必要となる医療用具類を収集したりしました。

息子は三歳になる直前に、退院しました。すぐに、平日は私一人での在宅医療的ケアがはじまりました。最初は、昼夜問わず、無我夢中でケアすることになり、いつも睡眠不足の自分と闘っていました。当時、「もみじの家」を利用することができていたなら、どんなに身体と気持ちが楽になっていたことか。

現在、四歳になった息子は、地域の支援サービスを利用していますが、主介護者である私の付き添いが基本的には必要となります。

息子が退院してから約一年後、「もみじの家」を初めて家族で利用しました。二泊三日のショートステイで、安心して息子を預け、夫婦でゆっくり休息することができる、素敵な場所でした。事前予約制ではなく、いつでも利用できるようになることや、次回以降の利用料支援、自宅送迎サービスを希望しています。

重い病気や障がいを抱えて生きる息子にとって、医療的ケアはまさに命綱。でも、社会から孤立し毎日の医療的ケアを続ける私は、ゴールの見えないマラソンランナーのようです。将来、私たち親が年老いて、現在のようなケアができなくなっても、息子の命を守り続けていけるのか、不安を感じています。地域の重症心身障害児施設に入所の申請をしていますが、受け入れ先がない悩みもあります。

「もみじの家」のような医療型短期入所施設の増設、それから、医療的ケア児と家族への支援の充実を心から願う毎日です。私たち親子でも安心して笑顔で暮らすことができる社会になる未来を夢見ています。

◉子も親も苦労することのない就園・就学を目指して　栃木県／岡田絵莉香《おかだえりか》

七百九十グラム、八百五十六グラム。

わが家の双子が生まれたときの体重です。生まれてすぐ、息子たちはＮＩＣＵに運ばれました。

順調に呼吸器が外れた次男とは裏腹に、長男の呼吸器はなかなか外すことができませんでした。このまま呼吸器を外せる日を待つよりも気管切開をしたほうがいいのではないか。医師からそう告げられたのは生後四か月を過ぎた頃でした。

無事に気管切開を終え、手術室から病室に戻ってきた息子が初めて笑顔を見せてくれた日のことは、今でも忘れることができません。

気管切開に必要な痰《たん》の吸引は、基本的には資格が必要であることから、息子は「医療的ケア児」としてのスタートを切りました。初めての出産、双子、医療的ケア児……とにかく不安や心配事で一杯でした。たくさん降り注いでくる心配事の一つに、保育園就園、というものがありました。

息子は普段、数十分から一時間に一回程度、痰の吸引が必要です。痰の吸引と気管切開部の水濡れに注意する以外は、元気な双子の弟と同じ生活をしています。当時、育児休暇中だった私は「復職したい」そう考えていたため、市に相談を持ちかけました。すると、「医療的ケア児の受け入れはできません」「前例がありません」そう言われました。医療的ケア児の就園が難しいことは頭ではわかっていましたが、それでも、自治体からこんなふうに拒絶されるとは思ってもいませんでした。しかし情報を集めると、どうやら他県ではすでに医療的ケア児を受け入れている保育園があるということだったので、再度、市の保健師さんに問い合わせをしてみました。しかし、やはり良い返事はもらえません。「このまま泣き寝入りするのは嫌だ」そう思い、再度、市に相談をしました。「それでは、ご自分で探してください」。これが、そのときの回答です。

行政は味方になってくれない。自分で探すしかない。そう決意し、息子たちを連れ、たくさん保育園の見学に行きました。もちろん、電話で「医療的ケア児を受け入れてほしい」と見学を予約した時点で断られるケースも沢山ありました。でも、それはまだいいほうです。「障がい児を受け入れています」そう謳っている保育園に見学に行ったとき、「こういう子はいじめられるから、うちの園では受け入れられません」そう言われたこともあります。公立の保育園ですらも「こういう子はお母さんが保育したらいいのでは？」という対応でした。保育園を探せば探すほど、世間との壁を強く実感し、精神的にも追い詰められていきました。

そんななか、入園を検討してくれるという園がありました。今、息子が通っている保育園です。園長先生が市に掛け合ってくれたり、看護師さんを募集してくれたり、痰の吸引の資格を取得してくれたりと、さまざまな手厚い対応をしてくださったおかげで、息子は年少から保育園に通うことができました。

私が保育園を探しはじめてから入園するまで、約二年間がかかりました。保育園に入園して一年が経った昨年の四月、もう「小学校入学の二年前」です。みんなが当たり前に行ける小学校も、息子は入学できるのか、今、不安でいっぱいです。もちろん、もう市には相談を持ち掛けています。しかし、「年長になってから相談してください」。相談すらもできないのです。

今、息子は母子通園なしで保育園に通っています。言葉はうまく話せませんが、それでも先生やお友達とコミュニケーションをとり、集団生活のなかで目を見張るほどの成長をとげています。お友達も、「息子がみんなと違う」そう思う部分はあっても、偏見なく受け入れてくれています。息子だけでなく、周りの子どもたちにとっても、息子のような病気や障がいを持った子と接するのは大切なことではないでしょうか。

私たちは、息子が母子分離で小学校に通学することを望んでいます。そのためには看護師さんの配置等、何らかの手配が必要です。その対応が間に合わなかった場合「親が対応することになる」と、当たり前のように言われました。

小さく生まれた息子たちは、医療の進歩により命をつなぐことができました。しかし社会や福祉がそれに追いつかず、息子たちがいわゆる「普通の子」と同じような社会生活を送ることはとても困難です。同年代の集団生活のなかで成長すること、近所のお友達と一緒に登校すること、そして双子が一緒に学校へ登校すること、私たち親が仕事を続けること。たくさんの「当たり前」ができません。息子はもちろん、親や兄弟たちも何かを犠牲にし、我慢し続けなければならないのでしょうか。

声を上げなければ制度は変わらない。わかっています。ですが、全力で日々を送るなかで声を上げることの大変さ、そしてそれを拒絶されたときの辛さ、それらをすべて担うのは、私たち親です。息子も、もう少し大きくなればわかってしまうでしょう。これからの未来、息子も、息子のように病気を持った子も、その親も、兄弟も、できるだけ辛い思いをしなくてよいような、そんな未来になることを、心から望んでいます。

◉学校に行けないのは、なぜ？　東京都／山田美樹《やまだみき》・萌々華《ももか》（小学三年生）

娘の病気は骨形成不全症《こつけいせいふぜんしょう》という、骨がとても脆い病気です。生まれてから四十回を超える骨折を経験しています。加えて、五歳のときに風邪から肺炎になり、呼吸不全を起こし、気管切開をして人工呼吸器がつくようになりました。

小学校はお友達と同じ地域の学校を希望していましたが、就学相談の段階で人工呼吸器がついた子どもは公立学校では受け入れられないと言われ、肢体不自由の特別支援学校しか進む先がなくなりました。

地域で育っていってほしかったので地元の学校に行けないことは残念でしたが、特別支援学校なら特別な支援が受けられるのかと期待もしました。しかし、医療的ケアがあると通学バスに乗れなかったり、人工呼吸器の子は授業の間ずっと親が付き添わなければならないという制限がありました。

周りには毎日お子さんと一緒に登校し、校内で付き添っているお母さん方もいらっしゃいます。

私も悩みました。

ただ、親が仕事を辞めないと教育を受けられないという今の制度に納得がいかず、両親共働きを続けるとなると、選択肢はただ一つ。学校の先生が週に三回、一回二時間在宅で授業をしてくださる「訪問生」になることでした。

娘は私が仕事でいない間、ヘルパーと過ごしています。訪問授業中も、ヘルパーが付き添っています。しかし、福祉と教育の時間は重ねられないことから、訪問授業を受けている時間のヘルパー費用は、すべて実費になります。

今、来年度に向けて、このまま訪問生を続けていくべきなのか、とても悩んでいます。

娘は普通の小学校に準ずる教育課程で授業を受けています。小学三年生が学校で学習するのと同じ分だけの勉強を、本来はするはずです。ですが、授業時間は週六時間しかありません。いくら個別で授業を受けているとはいえ、その時間数で全教科の授業ができるわけがありません。

そこで、通学生へ変更し、十分な学習保障をと考えると、特別支援学校の通学バスには乗れないことから、地域の普通学校への転学が考えられます。娘の入学当時より、医療的ケアのある子どもの受け入れも進んできています。地域の学校ならバギー*を押して登校できます。家の近所にお友達もできることでしょう。

*障がいや難病で首や腰が不安定な子どもが乗る車いす。ベルトなどで姿勢を固定できる。

ただ、ここでも問題になるのが親の付き添いです。代理人制度を使ってヘルパーを付き添わせることもできますが、学校にいる時間のヘルパーの費用はすべて実費です。これでは、転学できたとしても、私のお給料以上の費用を支払わないと、通学はできません。

結局は、親が付き添わない限り、医療的ケア児、そのなかでも人工呼吸器の子どもは十分な教育を受ける権利が保障されません。

娘が受けたいのは、みんなと同じ義務教育です。

近くの小学校で子ども達が普通に受けている教育を受けたいだけなのに、何でこんなに難しいのでしょう。

娘にとって、医療的ケアは特別なものでなく、生活の一部です。視力が悪い人が眼鏡をかけたり、聴力が弱い人が補聴器を付けたりするのと、同じなのです。

健常児、障がい児、医療的ケア児、いろんな分け方で子どもを区別するのではなく、教育を受ける権利がある子ども達が、親の付き添いなく自分の行きたい学校に通い、お友達と一緒に勉強し、共に成長していける。そんな当たり前のことが当たり前にできるようになってほしいと、強く願います。


（母・美樹）

わたしは、今、小学三年生です。
骨がとても弱いので、ねたきりです。
でも、みんなといっしょに笑うことができます。
みんなといっしょにおしゃべりができます。
こまっている人がいたら声をかけることもできます。
だけど、学校に行けないので家にいます。

わたしはみんなとちがって歩けません。
わたしはみんなとちがって、「人工こきゅうき」を、つかっています。
「人工こきゅうき」をつかっている子は、
おかあさんといっしょでないと、学校に行けません。

おとなは、「くべつ」とか言うけど
わたしには、よくわかりません。

お友だちといっしょにべんきょうしたり、あそんだりしたいだけです。
わたしは、パパとよく、サレジオ教会に行きます。
そして、かみさまにいつもおねがいします。
わたしは学校に行けないのですか。
わたしはそんなにわるい子ですか。
わたしにいじわるしているのは、だれなんですか。
がんばって、べんきょうしますから、
わたしを学校に行かせてください。
ありがとうございました。

(娘・萌々華)

◉医療的ケアと僕の想い　東京都／加藤《かとう》空《そら》(高校一年生)

僕の名前は加藤空といいます。自己紹介をします。高校一年生で、僕本人がいわゆる医療的ケア児です。医ケア（医療的ケア）と一言で言っても、とても幅が広く、僕自身もよくわからないのが本音です。

早産の極低出生体重児《ごくていしゅっせいたいじゅうじ》として生まれ、いくつかの慢性疾患と希少難病が重複しています。母は僕の処置や救命手技など、たくさんのことを覚えなくてはいけませんでした。

今日、皆さんにお伝えしたいことが三つあります。

一つ目は、「医療的ケアがあっても友だちと一緒にいたい！」ということです。

小学校に入学するのを機会に本格的に在宅に移行し、自宅から学校に通うことになりました。就学支援委員会の判定は「養護学校（特別支援学校）認定」という扱いになっていました。しかし、病院の先生や母は、僕にはいわゆる通常級のお友だちが必要と考え、何度も学校や役所、教育委員会などの人たちと話し合い、六年間、区立小学校に通うことができたことで、たくさんの友だちができました。

中学校も、区立の中学校に小学校からの友だちと通うことができました。僕が学校に通うために、理解と多くの工夫をしてくれました。注意事項や処置についての変更があったときは、すぐに職員会議で報告し、先生方で共有してくれました。また、iPad《アイパッド》を使った個別授業もおこなってくれました。

何よりも、うれしかったことは、修学旅行や校外学習に行けたことです。修学旅行では、学校が移動手段や車いすでまわれるルートを考えてくれたり、宿と食事形態の交渉もしてくれました。おかげで、友だちと沢山の時間を過ごすことができました。校外学習でも、友だちがトイレに一緒に行ってくれたり、移動の介助もしてくれました。物品を持ってくれたり、トイレやルートの下調べをしてくれるだけで、とても助かります。

僕は母の付き添いが必要です。友だちに「母が一緒なのは嫌じゃないか？」と聞いたことがあります。友だちが「別に嫌じゃないよ。空が嫌じゃないならいいんじゃない？」と言ってくれて、とても安心しました。

二つ目は、「医療的ケアがあっても選択肢がほしい！」ということです。

高校受験をして思ったこと。

将来の夢のために進学したい学部があり、中学三年生になってからは、入院中もわからない問題があったときは研修医の先生に教えてもらいました。しかし、入院が頻回で体力のない僕が高校で進級単位のすべてを取れないのは明らかでした。現実は厳しく、受験相談に行った私立学校は軒並、身体的理由による単位への考慮はありませんでした。しかし、都立の高校からは「足りない分は課題や補習があるので、チャレンジしてみてください」との前向きな返答をもらうことができて、希望が持てました。

そこで、選択肢を考えました。

・希望する都立高は、合格はできるが、進級は難しい。引っ越しも必要となるが、一年だけでもチャレンジする価値がある。

・理系大学に進学希望なので、高校は通信制高校か特別支援学校の高等部に行き、進学のための単位をとることを目的とする。

その、どちらかしか選択肢はありませんでした。進路はぎりぎりまで本当に悩みましたが、志望校決定時期に入院していたことなどから、進学は支援学校にしました。今でも、この選択がよかったのかと考えることがあります。

医ケアがあるからできることもあります。でも医ケアがあるからできないこともあります。医ケアはあるが、それをやれば元気に毎日登校できる子もいます。医ケアがあることによっていろいろな希望が失われるのは悲しいことです。だから、医ケアがあっても選択肢がほしいです。そのための行政支援が必要です。

義務教育では、法律が居場所を守ってくれたと感じています。でも高校や大学への進学、就職についてはそうはいきません。特に内部障害で見えない分、理解を得るのに時間も労力も必要になると実感しました。移動支援も利用できないので一人で外出は難しいです。僕には似たような症例のモデルがいません。

これから就学、進学などでは将来のモデルはとても大切だと思います。そういった機会や出会いが僕にも皆さんにも増えることを願います。将来のことを考え、夢を話せるようになることが、僕たちにとってどんなに素晴らしいことかを想像してみてください。

そして最後に、「仲間と家族への感謝」です。

僕は「仲間」という大切な存在を知っています。知らなければ自宅や病院で毎日スタッフと家族のみの交流で過ごしていたでしょう。

仲間は、ひいきも上下関係もなく、僕を対等に扱ってくれます。相談やケンカもするし、みんなでカラオケにもファミレスにも行きます。仲間は僕にすべてを合わせることはしません。同じことができなくても、同じ空間に一緒にいることがいいんです。みんなが心配するので、僕は体調が悪い姿をあまり見せたくありません。

そんな仲間たちに、「ありがとう」と言いたいです。

最後に「普通の子育て」といって、手のかかる僕を育ててくれる家族に「いつもありがとう」。

どうして、医療的ケア児は増えるのか

皆さんは、前項でご紹介したような、医療的ケアが必要な子どもたちが全国にどのくらいいるかご存知でしょうか。

僕がもみじの家で仕事をはじめた二〇一六年春の時点では、実はまだ公式な数字はありませんでしたが、その年の年末、初めて厚生労働省が調査結果を公表しまし

た。その調査によると、病院から退院した後も、引き続き人工呼吸や痰《たん》の吸引などの医療的ケアが必要な十九歳以下の子どもは、二〇一五年度の時点で全国に一万七千七十八人いると推計されました。新生児や乳児の死亡率が下がるのと反比例するように、医療的ケア児は十年の間に約一・八倍に増加し、今後も増え続けると予想されています。それは、医療的ケア児の命を守るために、張り詰めた緊張感と闘いながらケアを続ける家族たちも増えていくことを意味しています。

もみじの家を利用したいと希望する家族も、引きも切らない状況です。利用のための事前登録をする子どもは、平均すると毎月およそ二十人のペースで増え続けていて、二〇一八年二月に、五百人を突破しました。東京を中心に南関東の子どもが九五%以上を占めますが、栃木や福島、長野、静岡、遠くは愛知や岡山からの登録もあります。今後の登録面談の予約をしたいという電話も途絶えることはなく、面談ができるまで一年は待っていただかなくてはならない状況です。

では、どうして、医療的ケアの必要な子が増えているのでしょうか。

最近、急速に社会的注目を集めるようになった医療的ケア児ですが、実は水面下では、三十年以上前から徐々に増えはじめていました。国立成育医療研究センターには、退院後も自宅で人工呼吸器が必要な子どもの記録が一九八三年（前身の国立小児病院時代）から残されていて、その後も増加の一途をたどり、二〇〇〇年代に入ると累計で百人を超えました。

背景には、子どもが入院するＮＩＣＵ（新生児集中治療室）などのベッドが不足して退院が促進されたことや、医療機器がコンパクト化して価格が安くなったことなどがありますが、もっとも大きな要因といわれているのが「医療の進歩」です。

生まれながらに重い病気や障がいがあると、以前は命が助からない子どもがたくさんいました。生後一年未満に亡くなる乳児死亡率を見ると、一九五〇年は六％。つまり、百人に六人は一年以上生きることができませんでした。

その後、医療はめざましい進歩を続け、わずか五百グラム前後で生まれた小さな赤ちゃんでも、さまざまな疾患や障がいのある子でも、ＮＩＣＵで手厚く保護されながら命をつなぐことができるようになりました。乳児死亡率は急速に減少を続け、二〇一五年には〇・一九％。千人子どもが生まれて、一年未満に亡くなる子どもが二人に満たないという高いレベルになりました。二〇一三年のデータで、アメリカが〇・六％、イギリスが〇・四％、ドイツと韓国が〇・三％ですから、先進国のなかでも高い救命率を誇ります。今や日本は「世界でもっとも赤ちゃんの命を救う国」ともいわれています。

僕は長いことマスコミで働いていたせいか、子どもの貧困や虐待の情報に日々接していた影響で、日本人に対して「それほど子どもを大切にする国民性ではない」というイメージが定着していましたが、その偏った固定観念は覆りました。また、手術ミスや患者の取り違えのニュースが流れてくるたびに医療への不信感が高まっていきましたが、これも修正を余儀なくされました。

「小さな命が助かる可能性があれば、全力を傾けて救命する」日本人の優しさや勤勉さを証明するデータを目にして、僕はこの国の小児医療に対し、尊敬の念を抱くようになりました。

いうまでもなく、命が救われることは喜ばしいことですし、家族にとってわが子の命の鼓動を実感できるのは、このうえなく幸せなことです。しかし、医療の進歩で救われる子どもが増えた結果、生き続けるために常に医療処置が必要な子どもも増えています。それは、低体重で生まれ、生まれながらに心臓の病気や染色体の異常など、さまざまな疾患を抱える赤ちゃんが増加していることが深く関わっているといわれています。

医療的ケアが必要になる病気

医療的ケアが必要になる病気は多くありますが、ここではそのうちの二つを例にあげて説明します。この二例は、僕も転職する前までは知る機会のなかった病気です。

○18トリソミー：もみじの家には、18トリソミーという先天的な染色体異常の子がやってきます。まわりの子に比べてひときわ身体が小さい子もいて、懸命に生きている姿に、僕はいじらしい気持ちにさせられました。染色体には生物が生きていくために必要な情報＝遺伝子が含まれていて、身体を形成するために重要な働きをします。ヒトの染色体は通常四十六本あり、二本が一組となって二十三のペアを作っています。しかし、18トリソミーは、二十三組の染色体を大きい順に並べた十八組目が通常よりも一本多い、三本あるため、正常な設計図が描けずに低体重や重い心疾患などの症状が現れます。十三組目の染色体が三本ある子は13トリソミー、二十一組目が三本ある21トリソミーはダウン症候群とも呼ばれています。

○低《てい》酸《さん》素《そ》性《せい》虚《きょ》血《けつ》性《せい》脳《のう》症《しょう》：この病気が原因で医療的ケアが必要になる子どもたちも、もみじの家を利用します。これは、妊娠中の母親の病気や、出産時に胎盤が早く子宮からはがれてしまうなどの原因で、赤ちゃんの脳に酸素を含んだ血液が十分に行き渡らなくなり、さまざまな脳機能の異常をきたすものです。その結果、呼吸を助けるための人工呼吸や、臓器の機能を維持するための薬物治療が、常に必要となります。

病院で手厚い治療を受けて症状が安定した子どもたちは、退院して自宅で過ごすことになります。退院というと、治療が終了して医療処置は必要なくなるのが一般的ですが、重い病気の子どもたちは自力による呼吸や口からものを食べることができないため、自宅に帰った後もさまざまなケアが引き続き欠かせません。それが、病院でおこなう治療行為と区別される〝医療的ケア〟なのです。

代表的な医療的ケア

それでは次に、医療的ケアにはどのようなものがあるのか、具体的に説明しましょう。

○人工呼吸：自発呼吸が十分できない人に対して医療機器を使って空気を出し入れする。鼻や口にマスクを当てておこなう方法や、気管を切開したうえで人工呼吸器とチューブでつなぐ方法がある。

○経管栄養《けいかんえいよう》：口から食べることができない人に対して、チューブを通して体内に栄養や水分を流し込む。鼻から胃に通した管から注入する方法や、胃や腸に開けた小さい穴から直接送り込む「胃ろう」「腸ろう」などの方法がある。

○痰《たん》の吸引：自力で痰が出せない人は放っておくと喉が詰まって呼吸困難を起こし、窒息してしまう。それを防ぐために吸引器という機械を使って痰を身体の外に吸い出す。

○導尿《どうにょう》：自力でおしっこが出せない人は、そのままにしておくと腎臓の機能が低下して、体内の老廃物を排出できなくなり、血液中に有害な物質がたまる。それを防ぐために管を尿道に挿入して、おしっこを出してあげる。

もみじの家にやってくる子どもたちの多くはこうした医療的ケアが複数必要です。なかには二十四時間三百六十五日、目が離せない子や、体調によっては深夜早朝に関わらず、痰の吸引を五分おきにしなければならない子もいます。退院後に、医療的ケアを担うのは家族、なかでもおもな担い手は母親です。医療的ケアが必要な子どもの母親にとって退院の日は、いつ終わるとも知れない、わが子の命を守るケアの日々のはじまりでもあるのです。この現実を知れば知るほど、社会的な支援の必要性を感じずにはいられません。

第三章

福祉とは何か？

児童福祉大国・日本はくるのか？

皆さんは「福祉」と聞いて、どんなイメージを思い浮かべるでしょうか。ほとんどの方が、「お年寄り」や「障がい者」の食事や入浴、移動の介助をする映像を頭に浮かべているかもしれません。特別なハンディキャップを背負った人に対して、できないことを手助けする。福祉は、そんなふうにとらえられているのが現実だと思います。でも、実は少し、というか、大きく違います。皆さんもインターネットで検索するとすぐにわかりますが、福祉には「幸せ。特に、社会の構成員に等しくもたらされるべき幸福」という意味があります。

「公的な配慮・サービスによって社会の構成員が等しく受けることのできる充足や安心。幸福な生活環境を公的扶助によって作り出そうとすること」即ち「特定の人へのサポート」という限定的な行為をさすのではなく、「同じ社会の一員であれば、等しく幸せであるべき」という思想であるといえるのではないかと、僕は思います。

「福祉」という単語を分解してみると、「福」も「祉」も「幸福」という意味を持っています。共通している「しめすへん」は〈神〉を表し、「福」は「神の力によって豊かになる」、「祉」は「神が身に止まることで、幸福となる」ということ。神様のことですから、その人によって扱いを変えるとは考えられません。

当然のことながら、あらゆる人に対して平等に幸福が約束されなければならないのはいうまでもありません。福祉を考えるとき「すべての人に等しく幸せがもたらされる」ことが原則なのです。

ところが、これは正論過ぎるからなのか、なぜか忘れられがちになっています。医療的ケア児たちは、福祉の原則から切

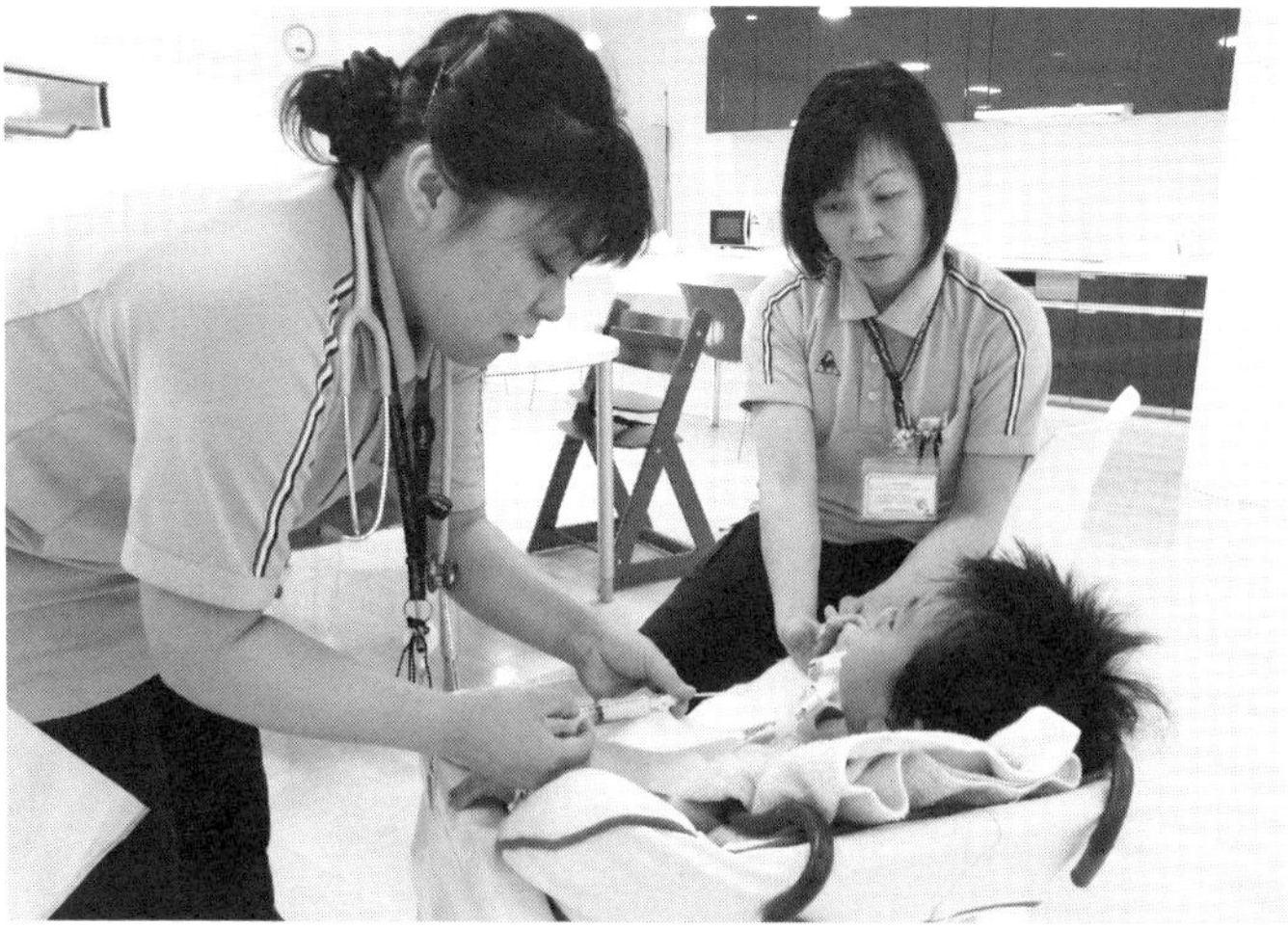

看護師による胃ろうからの栄養注入。

り離され、取り残されたまま、幸福になるのは難しいと思われる状況に置かれています。本当に、それでいいのでしょうか。

医療的ケア児以外にも、日本の多くの子どもたちが虐待や貧困などに苦しみ、社会的な支援を必要としています。

僕は、国を挙げて子どもたちを支える財政や制度、人材育成のシステムを構築し、子どもたちがどんな状態で生まれても、どこで誰と住んでいても安心して暮らせるような社会が実現できたら、きっと日本はあらゆる子どもを等しく大切にする国として海外に誇れるようになると思っています。

医療の発達した今の日本は、世界でもっとも子どもの命を救っている国の一つだといわれています（↓P106）。その日本が、さらに世界でもっとも子どもを大切に育む国となれたなら、日本が児童福祉大国として、世界から尊敬される時代が到来するかもしれません。

知らなかった児童福祉法の素晴らしさ

日本には、その福祉の原則を国として宣言するように、すべての子どもの幸せを保障する素晴らしい法律があります。「児童福祉法」です。

僕は三人の子どもの父親でもありますが、はずかしながら五十歳手前で社会福祉士の資格を取るための勉強をするまでは、この法律の名前を知っているくらいの大人でした。勉強中だって、受験に役立つから少々かじったにすぎません。本当に、おはずかしい話です。

ところが二〇一六年、医療的ケアが必要な子どもにとって重要な法律の改正があり、僕は初めて児童福祉法の条文をていねいに読むことになりました。それは、日本で初めて「医療的ケアが必要な子ども」の存在が明記された、歴史的な法改正でした。

◉児童福祉法と医療的ケア児

第五十六条の六第二項

地方公共団体は、人工呼吸器を装着している障害児その他の日常生活を営むために医療を要する状態にある障害児が、その心身の状況に応じた適切な保健、医療、福祉その他の各関連分野の支援を受けられるよう、保健、医療、福祉その他の各関連分野の支援を行う機関との連絡調整を行うための体制の整備に関し、必要な措置を講ずるように努めなければならない。

法律なのでとっつきにくい表現になっていますが、端的にいうと「医療的ケアが必要な子どもの支援体制を整備することに、都道府県や市区町村が努力義務を負う」ということになります。あくまでも「努力義務」ではありますが、大きな前進、画期的な一歩であることに間違いありません。これは関係者の間に、大きなニュースとして響き渡りました。これまで法律に存在すら記されていなかった医療的ケア児が支援の対象として明確に位置付けられたわけです。

時代は動いています。今後、各自治体が、この精神をどのように具体的な政策に結び付けていくのか、そして、それを国がどのくらい本気でサポートしていく覚悟があるのか、僕も注目していきたいと思っています。

ところで、この児童福祉法、とてもよいことが書いてありますので、ここで少し皆さんにも読んでいただこうと思います。堅苦しいなかにも、子どもたちへの愛が投影された条文が並んでいます。

第一条
全て児童は、児童の権利に関する条約*の精神にのっとり、適切に養育されること、その生活を保障されること、愛され、保護されること、その心身の健やかな成長及び発達並びにその自立が図られることその他の福祉を等しく保障される権利を有する。

＊子どもの基本的人権を保障するために定められた国際条約。一九八九年に国連で採択され、日本では一九九四年に発効した。

主語は「全て児童」です。難病であっても、重い障がいがあっても、関係ありません。すべての児童が、成長・発達や福祉を等しく保障される「権利」があると、いちばん最初の条文で宣言しているのです。

第二条
全て国民は、児童が良好な環境において生まれ、かつ、社会のあらゆる分野において、児童の年齢及び発達の程度に応じて、その意見が尊重され、その最善の利益が優先して考慮され、心身ともに健やかに育成されるよう努めなければならない。

こちらの主語は「全て国民」。すべての国民に対しては「児童の最善の利益の優先」や「健やかな心身の育成」のために努力しなければならないと定めています。

第三条の二
国及び地方公共団体は、児童が家庭において心身ともに健やかに養育されるよう、

児童の保護者を支援しなければならない。(後略)

　これは、国や都道府県、市区町村についても、「児童の健やかな心身の養育」を支える義務があると明確に規定したもの。簡単にわかりやすく表現すると、「子どもたちは一人ひとりが例外なく幸せになれる権利があり、子どもの成長発達や健やかな育成のために大人たちは努力し、行政はそれをサポートする義務がある」ことになります。読めば読むほど良い法律だなと、僕は思います。

　でも、もみじの家で医療的ケア児と日々接するなかで、僕の心には違和感がふつふつとわきあがってきています。

　今の仕事をはじめて、僕は以前の自分では知り得なかったさまざまな現実に向きあうようになりました。そのたびに法律が求めているものと現実に起きていることのギャップがあまりにも大きいことに、理不尽さを感じずにはいられません。日本は法治国家ですから、国の決定や判断は、法律に基づいておこなわれなければなりません。児童福祉法の精神が日本の隅々にまで浸透しているとすれば、全国の子どもたちがひとり残らず幸せになっているはずです。いや、そうでなければならないのです。しかし、現実は法律がめざす理想とは程遠いものがあります。退院後も引き続き医療的ケアが必要な子どもたちは、その矛盾を象徴する存在といえるかもしれません。

医療的ケア児たちは保育園や幼稚園に通いたくても、ほとんどの場合、断られてしまいます。痰の吸引などの医療処置や、鼻から胃に通した栄養注入用のチューブが抜けてしまったときに対応する看護師がいないためです。周りの子どもたちが保育園などに通うようになっても、命を守る体制が整っていないことを理由に受け入れてもらえず、集団保育の輪からはじかれてしまう。それが、医療的ケアが必要な子どもたちの現実です。

では、保育園などに通えない子どもたちは、どんな日常を送ることになるのでしょうか。行き場のない子どもたちは、多くの場合、家のなかが生活のすべてになります。ほかの子どもたちと遊ぶことができず、家族以外の大人たちと交流する経験ができません。

子どもは遊びながら成長します。同じ年代の子どもの動きを見て「自分もできる」と感じて試してみたり、ほかの子たちとの触れ合いや交流を通して、ときにはケンカもしながら、社会性を育んでいくといいます。子どもたちを心身ともに健やかに養育するためには、こうしたコミュニケーションの力を育む場は欠かせないはずです。しかし、医療的ケアを理由に、発達に必要な日々の経験を保障されることなく、奪われてしまっているのが「悲しい常識」となってしまっています。

両親は、ほかの子とは明らかに違う扱いを受けていることに不公平を感じ、わが子のこれからの成長に大きな不安を抱えています。社会はそれを「仕方のないこと」とふたをして、長い間、見て見ぬふりをしてきたのです。

法治国家として児童福祉法の精神を尊ぶならば、どんなに複雑な医療的ケアが必要な子であろうとも、遊びや学びの機会は保障されるべきです。病気や障がいを理由に、成長発達に必要な環境を切り捨ててよいはずはありません。「財源がない」「人材がいない」「責任が取れない」からといって、免罪符になるとは思えません。法律に定められている以上、実践されなければならないのです。

重い病気や障がいがあっても、自分で動くことができなくても、子どもたちは成長発達する可能性を秘めています。それを信じることができない人は、子どもの外見だけを見て「この子は、このままなのかもしれない」と勝手に判断し、内側で伸びようとしている声に耳を貸すことができません。それは、児童福祉法が規定している「すべての子どもが幸せになる権利」を保障しないことであり、成長発達する可能性を摘んでしまうことにもつながる、とても危険な思い込みなのです。

ＮＨＫで放送されている、みんなのためのバリアフリーバラエティ「バリバラ」の人気出演者で、仮死状態で生まれてきたことが原因で脳性まひとなった玉木《たまき》幸則《ゆきのり》さんも、子どもたちの成長にブレーキをかける大人たちの振る舞いに対し、次のように警鐘を鳴らしています。

「バリバラの企画で、障がいのある小学生の女の子三人が〝初めてのお使い〟に挑戦したことがありました。女の子の親たちは口をそろえて『うちの子は誘惑に弱いからお使いなんてできない』とか『知らない人と話せないから無理だ』と言っていました。でも、ふたを開ければ、三人ともお使いができました。子どもは、親が買い物をする様子を見ていますし、自分で間違えながら学ぶのです。そこに、障がいの有無は関係ありません。障がい者の親や先生は、『この子はまだ買い物は早い』と決めつけます。そうすると、そのまま大人になって『買い物ができない人』になりますが、でも、本当の言い方は『買い物をさせてもらうことができてこなかった人』です。できるはずのことをできないと決めつけ、免除され、放置される。それが、その人の持つ力を奪っているのです」

「バリバラ」に出演している玉木幸則さん。

（写真提供／NHK）

「重症心身障害児」と「医療的ケア児」

皆さんは「重症心身障害児」という言葉を聞いたことがあるでしょうか。

重症心身障害児とは、重度の肢体不自由（手足や運動機能の障がい）と重度の知的障害が重複した子どものことをさします。歩くことができず、コミュニケーションをとることが困難な重い障がいを抱えている状態の子どもたちです。

現在用いられている具体的な判定基準が示されたのは、今から四十五年以上前の一九七一年のこと。十八歳以上の人を含めると、現在は全国に約四万三千人いると推計されています。

医学的な診断名ではないので聞いたことがないという人も多いと思いますが、さまざまな福祉サービスを受ける際に用いられる行政用語で、重症心身障害児に対しては、施設への入所や、数日間宿泊しながら食事や入浴の介助が受けられる短期入所などの支援の枠組みが形作られていきました。

その一方で、医学の進歩は「医療的ケア児」を増やしていきました。退院した後も医療的な処置を必要とする子どもたちは、いわば新しいタイプの障害特性を持つ存在であるため、既存の重症心身障害児のための制度では受け入れることが困難なケースが続出することになったのです。

重症心身障害児は、「重い肢体不自由」と「重い知的障害」が重複した子どもですから、もともと医療処置が必要という考え方は入っていません。

ですから、医療的ケアのある子たちを迎え入れて、適切な医療処置を提供する環境は十分整えられてきませんでした。そのため、医療依存度が高ければ高いほど、施設への受け入れを断られ、社会から取り残される家族が増えていきました。

さらに、痰《たん》の吸引や経管《けいかん》栄養などの医療的ケアが必要でも、自分で歩けるということから制度の狭間でサービスを受けづらくなっている現実も浮き彫りになってきました。

「歩ける」ということは、「重い肢体不自由」に該当しなくなるので、重症心身障害児のための施設が利用できなくなります。かといって、そのほかの障がい児向けの施設も、医療的ケアがネックとなり受け皿とはなってくれません。

自分で歩けても、そこに医療的ケアがプラスされると、たちまち行き場を失い、社会から孤立するリスクが急上昇してしまうのです。

重症心身障害児という概念が誕生してから、およそ半世紀。重い障がいのある子どもを支える制度や環境が整えられてきた陰で、医療の進歩がこのような皮肉な現象を生み出す結果となりました。医療的ケア児という特別なサポートが必要な存在を前にして、現在の制度は十分な支援モデルを提案することができません。

そして、医療的ケア児たちが、その限界を超えるよう大人たちに訴えているように思えてなりません。

広がる医療的ケア児への支援

もみじの家設立と前後して、医療的ケア児や難病の子どもと家族のための居場所作りの動きが、全国各地に広がってきています。医師のグループやＮＰＯ法人、実業家、病気の子どもを持つ親など、さまざまな立場の人たちが、それぞれのスタイルで事業を立ち上げ、安心してくつろげるサービスや自由な空間、やすらぎの時間を提供しています。ここで、そのうちのいくつかをご紹介することにしましょう。

◉TSURUMI《ツルミ》こどもホスピス

一般社団法人こどものホスピスプロジェクトが運営する施設です。難病の子どもたちの成長を支援するとともに、家族のケアの負担をやわらげリフレッシュしてもらうレスパイト（休息）の機能があります。

二〇一六年四月、もみじの家の開設とときを同じくして、大阪市鶴見《つるみ》区に産声を上げました。花博記念公園《はなはくきねんこうえん》緑地内にある二千平方メートルの敷地に、二階建ての施設があり、プレイルームやリビング、キッチン、浴室、宿泊できる部屋など家庭的な環境に加え、ほかの家族と交流できるカフェや、楽器がたくさんある「おとの部屋」などが整備されています。重い病気を抱えた子どもと家族に対し、医療・教育・保育の専門家を中心としたボランティアが個々のニーズに合った遊びや学びのプランを立て安全な環境のなかでさまざまな人との触れ合いや、やってみたいことをサポート付きで体験できる施設です。特徴は、施設の一部を「あそび創造広場」として一般市民にも開放していることで、難病の子どもと地域の子どもが一緒に遊び、家族どうしが交流できるようになっています。

僕も一度お邪魔したことがありますが、敷地のまんなかに広い芝生の庭があって、周りを気にせず水遊びを楽しんだり、家族一緒のバーベキューを満喫したりできる伸び伸びとした空間が広がっていて、とてもうらやましい環境でした。しかも、ここの運営費は企業や個人からの寄付金で支えられていて、利用料は無料。家族の経済的負担は、一切ありません。本当に、うらやましいです。

◉そらぷちキッズキャンプ

病気や障がいのある子どもと家族のために、公益財団法人そらぷちキッズキャンプが運営している医療ケア付キャンプ場です。〈そらぷち〉とは「滝下る川」という意味で、キャンプ地のある北海道滝川《たきかわ》市の名前の由来となったアイヌの言葉です。敷地面積は、甲子園球場《こうしえんきゅうじょう》の四個分に相当する十六ヘクタールで、地元の滝川市から無償貸与を受けています。大空と豊かな自然に囲まれた丘陵地にあり、宿泊棟、食堂・浴室棟などの専用施設を、寄付やボランティアの力で建設・運営し、全国各地の子どもや家族を、こちらも無料で招待しています。

○医療支援：キャンプ中は、専門の医師、看護師が常駐し、日常の医療ケアが継続できるようサポートします。

○施設・設備：キャンプ場内の施設・設備は、訪れる子どもたちのことを考え、バリアフリー・ユニバーサルデザインの視点で設計・整備されています。森のなかには、車いすのままで行けるツリーハウス（木の上の家）があります。

○食事：北海道の旬の食材を使った食事は、食物アレルギーや食事制限、ニーズに合う食事形態（きざみ、ペースト）などにも対応したメニューを提供することができます。

○アクティビティ：子どもたちや家族の状態・ニーズに合わせて、さまざまな遊びを提供します。専門資格を持つスタッフが準備・実施する乗馬・馬車搭乗、森あそび、アーチェリーなどがあります。

○事前情報交換（家庭訪問等）：キャンプの募集を開始してから参加に至る間の情報交換を大切にしています。状況によっては、キャンプ場に常駐する看護師が、個別の家庭訪問をおこなうことがあります。

◉障害児保育園へレン

「すべての子どもが保育を受けられ、保護者が働くことを選択できる社会」をめざして、認定ＮＰＯ法人フローレンスが運営しています。障がいのある子どもたちの長時間保育を実現する保育園で、看護師やリハビリスタッフ（理学療法士・作業療法士）、研修を受けた保育スタッフたちがチームを組み、医療的ケアが必要な子どもたちも積極的に受け入れています。

午前八時から午後六時半までの長時間保育によってお母さんたちは、日常のケアの負担を軽くできることはもちろん、子育てをしながら仕事をすることも可能になります。

二〇一四年に杉並《すぎなみ》区で第一号がオープンした後、豊島《としま》区、世田谷《せたがや》区、江東《こうとう》区、渋《しぶ》谷《や》区と、都内の各地で開園を続けています。

医療的ケアが必要な子や重度の障がいのある子は、保育園の待機児童問題の議論の枠の外に置かれがちです。ヘレンでは、「どんな子でも保育を受けられる権利がある」との強い想いで事業を広げています。

さらにフローレンスでは、障害児訪問保育アニーの運営もおこなっています。こちらは保育スタッフが障がいのある子どもの自宅を訪問して、マンツーマンで保育をします。訪問看護の機能もあるので、医療的ケアにも対応できます。家のなかでの遊びや散歩のほか、地域の保育園と連携して子どもどうしが交流できる機会も作ります。コミュニケーションを通して、子どもたちの成長・発達を促そうという狙いです。

このほか、医療的ケアが必要な子どもを育てている母親たちが自ら福祉施設を立ち上げる動きが、北海道や茨城県、高知県、鹿児島県など全国各地で活発になってきています。子どもの介護に追われるなか、寄付金を募ったり借金をしたりして大変な苦労をしながら事業を立ち上げる姿には、まさに頭が下がる思いです。「施設がなければ自分たちで作ればいい」と骨身を削って社会的課題を解決しようとする取り組みが、公的な制度で温かく支えられる社会に変わっていくことを願わずにはいられません。

お母さんたちの就労問題

医療的ケア児が提起する課題は、子どもたちをめぐる問題にとどまりません。ケアを担うお母さんたちにとっても、仕事を諦めるかどうかという重い判断を迫られるケースがあり、人生を大きく左右する大問題です。

子どもを出産すると、今は多くの職場で最大一年半の育児休暇を取ることができます。育児休暇が終わるとお母さんたちは職場に戻ることができますが、それには、子どもの世話をしてくれる別の家族がいる、あるいは子どもを預けられる保育園を見つけるなどの条件が整わなければ、職場復帰したくてもできません。

医療的ケア児を持つお母さんたちは、多くがその条件を整えることができずに苦しんでいます。まず、医療的ケアを慣れないほかの家族が担うことは不可能です。また、ほとんどの保育園は看護師を配置していないため、預けることもかないません。その結果、育児休暇が終了しても医療的ケアを担い続けなければならないお母さんたちは、職場に戻ることができず、仕事を辞めざるをえないのです。

この状況は、ただでさえ肉体的、精神的負担を抱えている家族に、さらに経済的負担も強いることになります。もし明日、お父さんが大きな病気になったり、事故に巻き込まれたりしたら、たちまち収入の道が途絶えるという不安が常につきまといます。

もみじの家を利用するお母さんたちのなかにも、この就労問題をどうするか、頭を悩ませている人が少なくありません。なるべく利用できる日数を増やして、少しでもお役に立ちたい気持ちはありますが、もみじの家単独で根本的な解決策を提示することは難しく、僕にとっても頭の痛い問題です。そんな、なかなか課題解決の糸口が見出せない僕にとって、とても強烈なインパクトのある情報が流れてきました。それは、医療的ケア児の受け入れとお母さんの就労を同時に実現しているという取り組みです。

久しぶりに、マスコミで取材に汗を流していた頃の血が騒ぎました。どうやってそんな離れ業を成し遂げているのか、直接この目で確かめるため、僕は福井県と愛知県の現場に向かいました。次は、その現場報告です。

◉家族の希望に寄り添い、仕事の可能性を広げる

日本海に面した、福井県福井市。この北陸の静かな街に、革命的にお母さんたちの高い就業率を実現している、熱気あふれる事業所があります。その名は「オレンジキッズケアラボ」。ラボと聞いて研究所のようだと思われるかもしれませんが、医療的ケアの必要な子どもを中心に日中預かりをおこなっている福祉施設です。

ここでは、お母さんたちの就業率が、なんと七四％。四人に三人のお母さんたちが、医療的ケア児の育児と仕事を両立させているのです。もともとオレンジキッズケアラボは、寝たきりで胃ろうと痰《たん》の吸引が必要なひとりの男子高校生のために立ち上げた事業でした。彼が三年生になりまもなく卒業という時期になって、お母さ

んは悩んでいました。

「重症のこの子を入れてくれる施設は全部いっぱいで断られてしまいました。残っている選択肢は二つで、病院に入れて離《はな》れ離《ばな》れか、家に二人で引きこもりのように暮らすしかないんです」

この声に応えたいと動いたのが、福井県内で在宅医療に取り組んでいた医師の紅谷《べにや》浩之《ひろゆき》さんでした。受け入れ先を探して奔走した結果、どこも当てがないことがわかった紅谷さんは「まずは彼が週三回通える場所を作ろう」と思い立ち、オレンジキッズケアラボの創設を決意しました。〈ラボ〉という言葉には「どうして彼のような子どものための施設がない

オレンジキッズケアラボ。

のか、研究したい」という思いが込められています。

　事業を開始すると、利用希望者が次々とやってきました。そして、それぞれのニーズに応えるうちに定員は十五人に増え、子どもたちを毎日預かれるようにするため、看護師や作業療法士、保育士、介護福祉士などの常勤スタッフの体制を強化していきました。それはすなわち、お母さんたちが働ける環境を徐々に整えていくことにもつながっていったのです。

　さらに、それを後押ししたのが「送迎」でした。お母さんたちが子どもをオレンジキッズケアラボに送り届けてから職場へ向かうのでは、就業開始時刻に間に合わない場合があります。そこで、常勤のドライバーを雇用することで、自宅からの送迎をサービスに組み込みました。行きと帰り、子どもたちは施設の職員が運転する車で往復の移動ができます。お母さんたちはその分の時間を通勤や労働のために費やすことができ、仕事の再開への大きな追い風になりました。フルタイムで職場復帰するという夢を実現する道が拓けたのです。

　福井市内で暮らす坪内博美《つぼうちひろみ》さん（46）には三人の子どもがいて、二〇一〇年に生まれた下の二人は双子の兄弟、優祐《ゆうすけ》君と真生《まさき》君です。帝王切開で生まれた直後、二人はともに仮死状態で、人工呼吸や経管栄養のケアが必要でした。

博美さんは結婚前はリース会社で営業事務をこなす正社員として働いていました。子どもが生まれていったん仕事を辞めましたが、福井県は夫婦が共働きする世帯の割合が全国トップで、博美さんも子育てが一息ついたら仕事を再開するのが自然の流れと思っていました。しかし自宅のなかで連日、双子の医療的ケアに追われるうちに、「再び社会に出て就労する」という夢を語る余裕を失っていきました。

そんななか、二〇一二年春、オレンジキッズケアラボがオープンします。博美さんはさっそく利用をはじめ、優祐君と真生君のケアを託すことができるようになりました。そして、久しぶりにできた自分の時間を使って、ヘルパーの資格を取る勉強をはじめました。「外に出たい」「人と関わりたい」という思いに駆り立てられるように学習を進め、見事、資格取得に成功。タイミング良く、オレンジキッズケアラボと同じグループのクリニックに新しく結成された訪問介護チームに加わることができました。医療的ケアが必要な双子の子どもを育てながら、社会人として新しいチャレンジを続けています。

博美さんは、僕のインタビューに、こう答えてくれました。

「親子ともども、外に出れば出るほど『何かできることない？』と聞いてくれるサポーターが増えていくような気がします。働くことは、もちろん自分の成長のためでもありますが、ちょっとでも外に踏み出すことが、子どもたち、家族、地域の方々をはじめ、周りのみんなの成長にもつながっているようで、つながりがどんどん増えて、本当に楽しいです」

ここではほかにも、ネイルサロンで働く人や看護師の資格を取るために学習をはじめる人など、自分らしさを取り戻すように多くのお母さんたちが社会に出て活発に動きはじめています。オレンジキッズケアラボのミッションは「こたえていく、かなえていく」。まさに、支援を必要とする家族の声に一つひとつ耳を傾け、ていねいに応えていくことで、お母さんたちができないと諦めていた「復職」という希望をかなえていったのです。

紅谷さんは、子どもたちを預かるだけでなく、医療的ケア児を海水浴に連れて行ったり、一緒に軽井沢《かるいざわ》でキャンプをしたり、一人旅のサポートをしたり、ときに批判的な声と闘いながら「こたえ、かなえる」活動を精力的に続けています。その営みによって、医療的ケア児と家族が住み慣れた地域で安心して、楽しみながら暮らし続けられる可能性が広がっています。

◉チョコレート店併設で仕事を創出

愛知県名古屋市にある「久遠《くおん》チョコレート名古屋《なごや》藤巻《ふじまき》店」。二〇一七年六月にグランドオープンした店内は、おしゃれな木目調の内装で、ナッツ入りやほうじ茶風味のチョコレート、ドライフルーツの入った焼き菓子が並んでいます。

ここがユニークなのは、チョコレートを販売する一階の店舗の上に、福祉の施設があることです。社会福祉法人むそうが運営する「チャイルドデイケアほわわ名古屋星が丘」。看護師やヘルパーの職員が常駐していて、医療的ケア児や知的障害のある子どもたちを日中預かり、食事や入浴の世話をしたり楽しく遊んだりします。

ここでピンときた方は、鋭い感性をお持ちです。こういう構造になっていれば、医療的ケア児を持つお母さんがわが子を二階の福祉施設に預けた後、一階のチョコレート店で働くことができる、というわけです。言われてみればシンプルでわかりやすい発想ですが、いうは易しおこなうは難しで、まさに「コロンブスの卵」。お母さんたちが医療的ケア児を育てながら、仕事を再開するケースが相次いでいます。

名古屋《なごや》市内に住む小玉真理《こだままり》さん（37）は三人の子どものお母さん。末っ子の恵利《えり》奈《な》ちゃん（2）が呼吸の機能が十分ではないため、日中の苦しいときや夜間に人工呼吸器をつける必要があります。かつてはデパートの和菓子店での販売やイタリアンレストランでの接客などの仕事をしていた真理さんでしたが、育児や恵利奈ちゃんのケアに加えて、自らも乳がんを患ったことから、仕事の再開は現実味を失っていきました。

医療的ケアが必要な恵利奈ちゃんを預かってもらえる施設として「ほわわ」を見学に行った真理さんは、一階に併設されているチョコレート店を見て、「接客好き」の血がふたたび騒ぎ出しました。お店の責任者からは、「即戦力として働いてほしい」と声がかかりました。自分の仕事を探す目的ではなく、子どもの居場所を求めて見学に足を運んだのが七月。そのわずか二か月後の九月には、真理さんは想像すらできなかった職場で仕事の再開を果たすことができたのです。

腰を痛めている真理さんのために、お店では一日に働く時間を午前十時から午後一時までの三時間に抑えてくれています。フルタイムで働くまでには至っていませんが、それでも、かつての販売経験者ならではの嗅覚をさっそくいかしはじめました。

お店の中央付近に置いてある、お菓子を置くテーブル。お客さんがいちばん目をとめる場所です。真理さんは一目見て、その大事な場所があまり魅力的でないことが気になりました。陳列してある商品のラインナップに原因があると感じ

久遠チョコレートで働く、小玉真理さん。

た真理さんは、それまで目立たない場所にあった、手頃な値段で買い求めやすいパウンドケーキをセンターテーブルに移動することを提案します。かつてプロの販売員として培った経験からの着目で、一緒に働いている若手の店員さんには思いもよらないディスプレイの変更でした。

さらに、チョコレートが並ぶガラスケースの上に、商品を入れる紙袋を置きました。全くその目的がわからなかった僕が「どうして、袋を棚の上に置いたんですか？」と素朴な質問をすると、真理さんはこう答えてくれました。

「お店のチョコレートを買うと、こういう柄の袋に入れてくれるということが一目でわかります。特に女性にとって、どんなデザインの袋を持って街を歩くかは大切なことですから、ファッション性の高い紙袋を見えやすいところに置いておくのは、売り上げにとって意外とメリットがあるんです」

なるほど、この発想は、女性客の気持ちがわかる真理さんのような人でないと出てきません。店頭に立ちはじめて即、真理さんは戦力として頼りにされる存在になっています。また、真理さん自身も日々たまったストレスを解消して楽しくリフレッシュし、これから新しく創っていく店舗を支える一員としてやりがいや生きがいを感じることができています。

一方、「ほわわ」でほかの子どもたちや家族以外の大人たちと時間を過ごしている恵利奈ちゃんにも思いがけない変化がありました。預けはじめた頃はハイハイもできなくて真理さんを心配させていましたが、ひと月もたたないうちに、ハイハイどころか、つかまり立ちをして、伝い歩きまでするようになっていました。「あまり変化のなかった表情も、良く笑うようになったんですよ」と、真理さんはうれしそうに話してくれました。恵利奈ちゃんにとっても、親から離れる刺激的な時間は、自立への大切なステップになっているようです。

チョコレート店では、真理さん以外にも、医療的ケア児を受け入れてくれる保育園がなくて困っていた二人の母親たちが仕事の再開を果たし、チョコレートの製造やカフェでの接客でいきいきと仕事を続けています。

職場の責任者の横倉裕子《よこくらゆうこ》さんは、「お母さんたちの就労を支援することで、医療的ケア児を抱える家庭の経済的負担の軽減につながればうれしいです。ゆくゆくは、お母さんたちが日替わりでカフェの店長をつとめて、それぞれの家庭の味をランチで提供するようなスタイルをめざしています」と夢を膨らませています。

二つの現場で共通して感じたことは、できないと決めつけるのではなく、どうすればできるようになるのかを考えることが重要だということです。無理だと思ったとたんに本当に無理になってしまいますが、頭を大胆に柔軟にし、可能性を広げていくことで、無理は無理でなくなり、大逆転の発想が生まれてくるということなのです。

僕も社会福祉士のはしくれとして、大きな刺激を受けました。支援を必要とする人たちのために社会を動かす「ソーシャルアクション」を実践する福祉業界の革命家たち。個々のニーズにていねいに寄り添う取り組みが、とても眩しく感じられました。

新しい支援モデルとは？

ここからは、ちょっと複雑な制度の話になります。

もみじの家に来るまで、僕にとって制度の話は身近ではありませんでした。でも、制度の話はお金の話でもありますので、もみじの家を運営していく今の立場になって、とても大切なものに変わりました。

何度も繰り返し資料を読み込み、入り組んだ仕組みを一生懸命、ひもといていきました。ここでは、できるだけわかりやすく書いていこうと思います。

もみじの家のようなところは福祉の施設なので、公的な制度から「障害福祉サービス費」という報酬を得ています。それが全体の収入のなかでいちばん大きな割合を占めるのが普通ですが、実はもみじの家では、必要な運営費の四割しかまかなうことができません。障害福祉サービス費だけでは、半分にも満たないのです。

その要因としては、医療的ケアが必要な子どもたちに手厚いケアを提供するためには、さまざまな国家資格を持った専門職が必要となることがあげられます。

もみじの家の場合、看護師十五名のほか、保育士と介護福祉士を合わせて三名がケアスタッフとして働いていますので、職員に支払う人件費（給料）がかさみます。

その一方で、医療的ケア児と家族を支える公的な制度が十分ではないため、施設の運営は経済的に不安定となるのです。

入院中は医療のお財布＝診療報酬、退院したら福祉のお財布＝障害福祉サービス費というのが、一般的な考え方です。しかし、現在では、医療的ケアの必要な子どもたちが退院後もなお、医療と福祉の両方を必要としているのです。

もみじの家では、そうした子どもたちに医療的ケアと障害福祉サービスの両方を、それぞれの資格を持った専門職のスタッフが提供しています。これまでのように医療と福祉の間に壁を作るのではなく、二つの制度を同時に使えるようにしなければ、医療的ケア児たちを適切に支えることはできません。しかし、そのハイブリッド型の支援モデルが未だ十分に整っていないのが現実です。

子どもの命を守り、成長発達をサポートするために、資格を持った専門職による質の高いケアを提供しようとすると人件費がかさみますが、今の日本の公的な制度だけでは、もみじの家のようなスタイルの事業運営を支えることができず、構造的に赤字となってしまうのです。

もみじの家では不安定な運営を支えようと、世田谷区と東京都から補助金や助成金などをいただいています。これは、とてもありがたい制度ですが、両方を足しても必要な収入の二割。障害福祉サービス費と合計しても運営費全体の六割にしかならず、残り四割は赤字となります。

今のところ、善意で寄せられる寄付金で埋めていますが、この現実は、医療的ケアが必要な子どもと家族の地域生活を支える施設がなかなか全国に広がっていかない、大きな負の要因になっていると僕は考えています。

もみじの家は「重い病気を持つ子どもと家族一人ひとりが、その人らしく生きる社会を創る」ことを理念とし、「そのための新しい支援のしくみを全国に広める」ことをミッションに掲げています（↓P178）。その前提として、僕たちはもみじの家の運営を何とか安定させなければなりません。

施設の運営の安定感を増すためには、公的な制度の支えが欠かせません。医療と福祉のサポートが同時に必要な存在である医療的ケア児に対し、医療と福祉の両方を提供する施設に対しては、医療制度と福祉制度が同時に機能するような、新しい支援モデルの開発が不可欠です。

医療的ケアが必要な子どもがいても、家族がくつろぎのひとときを過ごすことのできる短期入所施設が各地に増えていけば、どこに住んでいても安心して地域生活を送れる社会になります。そのためには、医療と福祉の間に築かれてきた縦割りの壁を崩し、子どもと家族のための包括的な支援を中心に据えた、これまでにない発想が求められていると思います。

細かい決まりごとには無頓着だった僕は今、命や暮らしを守るためには、法律や制度がいかに大切かということを痛感しています。それを教えてくれたのは、紛れもなく、重い病気や障がいと日々たたかっている子どもたちです。医療的ケア児たちは身をもって、今の制度のままではすべての人を幸せにすることはできないと、無言で訴えているのです。

「もみじの家」で楽しく遊ぶ子どもたち。

第四章

医療的ケア物語

奇跡的な回復

この章では、医療的ケアにまつわる、とてもうれしい物語を三つ紹介します。まず一つ目は、僕がまだＮＨＫにいた頃の話です。

二〇一三年、「クローズアップ現代」（→Ｐ71）で、医療的ケア児の取材を進めるなか、ある女の子との出会いがありました。このエピソードは、たとえ医療的ケアが必要な重い病気を抱えていたとしても、適切な関わりやトレーニングを続けることで、子どもたちが信じられないような回復をみせることを僕に教えてくれた真実の物語です。

四国・愛媛県の松山《まつやま》市に、訪問看護師のグループが運営している、重い病気の子どもを専門に預かる施設「ほのかのおひさま」があります。

そこでは、一日に五時間、子どもを預かり、看護師だけでなく、日常の暮らしに必要な機能を回復させる作業療法士や生活全般を支えるヘルパーが一緒になって、医療的ケアのほか、食事や遊びのサポートをしています。

この施設で出会った白石音羽《しらいしおとは》ちゃんは、当時四歳。呼吸を助けるための酸素吸入に加えて、口から十分な量を食べることができないため経管栄養も必要で、二種類のチューブが鼻に入った状態でした。

音羽ちゃんは心臓病を抱えた状態で生まれ、手術をしたところ、さらに脳梗塞《のうこうそく》を起こしてしまいます。その結果、医療的ケアが必要になると同時に歩くために必要なバランス感覚を失い、医師からは「回復する見込みはない」と告げられました。

母親の美紀子さんは「寝たきりになるかもしれないという現実を家族で受け入れて、何とか頑張っていこう」と、立ったり歩いたりできない可能性のある音羽ちゃんに寄り添って生きていくことを心に決めたと言います。

それでも美紀子さんは、訪問看護を受けながら週二回、「ほのかのおひさま」に音羽ちゃんを通わせることにしました。

施設に行けば、同じくらいの年齢の子どもたちと一緒に遊ぶことができます。家族以外の大人たちとのコミュニケーションなど、家のなかだけでは経験できない豊かな刺激を受けながら時間を過ごすことができるのです。

「音羽が、少しだけでも回復してくれたら……」

いちるの望みを託した、母心でした。

音羽ちゃんが「ほのかのおひさま」に通いはじめて、六か月。早くも、その願いが叶いはじめます。施設に残されている当時の記録には、音羽ちゃんの驚くべき回復ぶりが記されていました。

「バランスも良くなった」

「左足で立ってくるっと回る」

「ジャンプ（両足）もＯＫ」

施設に通う前に比べると、見違えるような成長です。回復する見込みはないと思っていた医師も「あそこまでの脳梗塞になって、ここまで回復する子は見たことがない」と、びっくりしていました。

「ほのかのおひさま」では、子どもたちどうしやスタッフとの触れ合いを大切にし、必ず食事は一緒にとります。安全を確保しながら、自然に子どもたちがみんなで遊べるように心を配り、成長に欠かせない経験の積み重ねを支援しています。

当時、施設の看護師をしていた浅井栄子《あさいえいこ》さんは、番組のインタビューに対して、子どもたちが伸びようとする力を支えるための環境づくりの大切さを訴えていました。

「あの子がやっているから自分もやれるだろうっていうことなんですよね。あの子が跳んでいるから、自分も跳べるだろうということなので。大人が教えてるわけでも全くなくて、子どもは子どもどうしで覚えることだと。だから、こういうところに集まるって、すごく大事かなって思っています」

取材したときにはまだ就学前だった音羽ちゃんの成長ぶりを、番組ではこのようなコメントで表現しました。

「近所の子どもと同じ小学校に通うことをめざすまでに、回復しています」

ここからは、番組を放送した、その後の話です。

実は僕は二〇一七年末、音羽ちゃんがどんな女の子に成長しているのかを確認したくて、松山の「ほのかのおひさま」で待ち合わせをして白石さん親子と再会してきました。

音羽ちゃんは小学二年生になっていて、はずかしそうにしながらも、笑顔で僕に挨拶してくれました。細身の身体は相変わらずでしたが、身長は伸びていて、四年前に比べてお姉さんらしさが漂っています。そして、よく見ると音羽ちゃんの顔に変化が起きていました。医療的ケアのために鼻に通していたチューブが減っていたのです。

美紀子さんに確認すると、「音羽ちゃんと同じような病状の手術をして成功した医師を紹介するので診てもらったらどうか」と主治医の先生に勧められ、福岡の病院で手術を受けた後、酸素吸入の必要がなくなるまでに回復したそうです。

今は、栄養を送り込むためのチューブが鼻に入っているだけで、その経管栄養も食べる力がついてきているので、卒業できる希望が出てきているとのことでした。そうなれば、音羽ちゃんは医療的ケアが全く必要なくなることになります。「寝たきりになるかもしれない」と医師が宣告した重篤な状態から、まさに奇跡的な回復です。「子どもは無限大の可能性を持っている」と、よく言われます。でも、僕は音羽ちゃんに会うまでは、勝手に〈限界〉という輪郭線を引いてしまう人間でした。その独りよがりな性格を音羽ちゃんと「ほのかのおひさま」の取り組みが戒めてくれたような気がします。

「近所の子どもと同じ小学校に通うことをめざしています」という目標はどうなったのでしょうか。この質問に、美紀子さんは笑顔で答えてくれました。

「学校の理解と協力もあって、音羽は近くの小学校に通えています。友達と一緒の学校に、という夢が叶って、とても幸せです」

この白石さん母子との再会後、僕はこの原稿を書きながら、音羽ちゃんの最新の様子も知りたいと思い、母親の美紀子さんに手紙を書いていただきました。

届いた封書には、三年生になった音羽ちゃんの、さらにたくましい成長ぶりがしたためられていました。

◉母、美紀子さんからの手紙

ご無沙汰しております。

寒くなりましたが、お元気にされていますでしょうか？

こちらも、家族共々元気にしております。

現在の音羽ですが、食べる量が増えてきたので今年は頑張って鼻のチューブを取ろう！　と本人とも相談してチューブを取ってみることにしました。

病院の先生も「とりあえずは現状維持で大丈夫。もし、体重が減るようなら経管栄養のチューブをまた入れること」と言われました。

ご飯と、一日一回の高カロリージュースを飲ませることで頑張っています。体重はなかなか増えませんでしたが、少しずつ食べる量が増えて、十九キロ台を抜け出せなかった体重が最近二十キロを超えました。

音羽も私たちもとても喜んでいます。

学校生活では、地元の小学校の支援学級に、音羽のペースで毎日楽しく通っています。音楽など通常クラスに参加できるときは参加させてもらい、いろいろな子どもたちと交流させてもらっています。

学校が終わった後は週三日ほど放課後デイサービスに行き、言語の訓練や学校の宿題、同じ学校やほかの学校のお友達と楽しく遊んでいるようです。

また放課後デイサービスがない日には、理学療法、作業療法、言語療法のリハビリに通っています。リハビリでは、先生の介助はあるものの、はしごを登ったり、少し低めのボルダリングをしたり、跳び箱、縄跳び、体幹トレーニングなどいろいろなことにチャレンジしています。

さらに週一回、姉と同じピアノ教室に通っています。音羽を小さい頃から良く知っている先生なので、マヒのある右手もリハビリになるように教えてくださってます。五年前のことを考えると今の音羽の状態は奇跡だと思います。もちろん彼女の持っている力もあると思いますが、その力を引き出してくれているのは彼女に関わってくれているすべての人の力だと思います。いろいろな人の力が回復する源になっています。親としては本当に感謝しています。

私もパートではありますが、去年の六月から歯科衛生士の職に復帰し、毎日忙しくしています。音羽は小学三年生になりました、本当に良く成長してくれました。これからどんな女の子になるのだろう……。どんな大人になるのだろう……。とても楽しみです。

これからも音羽の成長を家族で見守りながら、頑張っていきたいと思っています。

はるちゃんの手足が動いた！

次は、もみじの家での物語。僕は、日々手厚いケアを受ける子どもたちが成長する姿を間近に感じることがあります。

佐々木温葵《さ さ き はる き》君は、二〇一六年六月、一歳の頃に初めてもみじの家を利用しました。愛称は、はるちゃん。先天性ミオパチーという全身の筋力が低下する難病で、気管切開、人工呼吸器、胃ろうからの栄養注入など、複数の医療的ケアが必要です。僕は、はるちゃんに話しかけたり手足をさわったりしてみましたが、反応はありませんでした。自分で動くこともなく、ベッドの上でじっとしたままでした。

はるちゃんのような医療依存度の高い子どもが、もみじの家には連日やってきます。だからといって、一日中寝かせきりにすることはしません。

毎日、午前中の一時間と夕方の三十分間、ほかの子と一緒にプレイコーナーに集まり、人工呼吸器を付けたままボーリングで遊んだり、合奏やシーツブランコを楽しんだりして、刺激たっぷりの時間を過ごします。子どもたちの成長や発達を何とかサポートしたい。そんな思いから、保育士や介護福祉士たちが日替わりのプログラムを組んでいます。

お風呂は、小さなはるちゃんのためにビニールプールにお湯を張り、三人がかりで入浴の介助にあたります。浴室では人工呼吸器を外すので、手動で人工呼吸をする袋状のバッグを操作する担当、身体の向きを変える担当、全身を洗う担当がそれぞれ必要です。お湯のなかでは浮力があるので、はるちゃんの足はゆらゆら揺れていましたが、ベッドに戻るとピクリとも動きませんでした。

その後も、はるちゃんは繰り返しもみじの家にやってきては、毎日毎日、プレイコーナーでの遊びやお風呂でさまざまな刺激を受けていました。それでも、はるちゃんが自分で動くことはありませんでした。

ところが、最初の出会いから一年経った二〇一七年六月のことです。はるちゃんにとって、六回目のもみじの家の利用中に、僕は大きな衝撃を受けることになります。背が伸びて少しお兄ちゃんらしくなったはるちゃんを相手に、プレイコーナーで担当の看護師が全身のマッサージをしている最中の出来事でした。手のマッサージ中に「グーパーグーパー」と声をかけると、驚くことに、弱々しい力ながら指の関節が動きました。

以前は、誰かが手を添えて助けてあげなければ動くことはなかったので、はるちゃんの成長を目の前で目撃した僕は、うれしいやら感動するやらで、はずかしいほど興奮してしまいました。それは決して偶然ではなく、「グーパーグーパー」と声をかけるたびに指を曲げたり伸ばしたりしています。呼びかける声をしっかりと聞き、それに合わせて自分で動こうとする力が芽生えていたのです。

その後、足のマッサージもしましたが、やはり看護師のかけ声に応えるように、力を入れたり抜いたりしています。もちろん、もみじの家での経験だけで、はるちゃんの手足が動いたわけではないことはわかっています。それでも僕の興奮度はさらに急上昇し、不覚にも涙が出そうになりました。子どもの成長を実感して感極まるのは、自分の子どもが初めて寝返りしたり歩きはじめたりしたとき以来です。

正直に打ち明けると、僕はベッドの上でじっと寝たままのはるちゃんと初めて会ったとき、はるちゃんが自分の力で手足を動かす日が来ることをイメージすることはできませんでした。なんとも情けない、浅はかな想像力でした。

つまりは、そんな頭の使い方ではいけないということです。いついかなるときも、子どもが自ら伸びようとする力を信じ、それを支える取り組みを絶えず続けること。それが、いちばん大事なのです。

社会性を育む経験が積める場

僕の頭の使い方が浅はかだったと子どもに教えられた出来事が、もう一つあります。

ハウスマネージャーに就任した当時、僕は「子どもに手厚いケアを提供するとともに家族の介護の負担を減らし、心身ともに休息してもらう」という単純な認識で、もみじの家の役割を理解していました。

ところがそれは、あまりにも表面的なとらえ方だったことを、後に学ぶことになります。それを教えてくれたのは、気管切開と人工呼吸器で呼吸の管理をしている、十三歳の男の子でした。名前は、川田晃夫《かわたあきお》君。晃夫君は、都内にある特別支援学校の中学二年生だった二〇一六年の秋、二回目の利用をするためにもみじの家にやってきました。初回利用のときは二泊三日、母親と一緒に泊まりましたが、今回は全く違う、ある目的を胸に秘めていました。

「自立に向けた一歩として、一人だけで宿泊体験をする」

つまり、将来、独り立ちをするための経験を積む場として、もみじの家を活用するというのです。

晃夫君は生まれつきの筋肉の病気で、自由に身体を動かすことができないため、移動は車いすでおこないます。一方で、おしゃべりは活発。指先でパソコンを操作することができ、一般の中学生と同じレベルの授業を受ける能力があります。

思春期を迎え、晃夫君は、将来の自分の姿を意識するようになっていました。

「身体のハンディキャップがあっても、仕事に就いて、いつか自立し、母親の負担を減らしたい」

ただ、自宅で家族と一緒では、どうしても甘えが出てしまいます。人工呼吸器の調整など、何かをしてほしいと思ったら、すべてを口にする前に、母親が先回りしてやってくれます。

何でも思いどおりになることに慣れてしまうと、楽である反面、言いたいことを正確に表現する練習や自力でできる可能性を伸ばす経験を積むことができません。そんなぬるま湯の日々を漫然と続けていると、大人への階段を上ることができないと、晃夫君は感じていました。そして、そんな日常に風穴を開けたい、開けなければならないと焦りを感じていました。

「お母さんとか家族に頼らないで、一人で何でもできるようになりたい」

しかし、一人で外に泊まる練習がしたいと思っても、人工呼吸器に対応できる場所でなければ受け入れてもらうことはできません。医療的ケアが壁として立ちはだかれば、自立のための助走をはじめたいと思っていても諦めざるをえなくなります。

そんな晃夫君の目に、開設してまもないもみじの家は、まさにもってこいの場所に映りました。早速「一人暮らしの予行演習」をしようと思い立ちます。医療的ケアに二十四時間対応するケアスタッフがいれば、長い時間、母親と別々になることが可能になります。家族以外の大人に、自分の気持ちや、やってほしいことをしっかり伝えなければならない場面も数多くあります。これは、絶好のチャンスです。

「二泊三日、母親と離れる」

利用初日、晃夫君をもみじの家に送ってきた母親は、事務的な手続きを済ませると早々に自宅に戻っていき、晃夫君にとって生まれて初めてのチャレンジがはじまりました。

もみじの家にとっても、自立を念頭に利用するケースは初めてのこと。なるべく手を出し過ぎないようにして「一日をどのように過ごしたいのか」「ケアはどのようにしてほしいのか」晃夫君の気持ちや自主性を引き出すことに心を砕きました。

晃夫君は人工呼吸器の調整方法や勉強する時間をケアスタッフに一生懸命伝え、周りの大人たちの助けを借りながら一時間以上かけて地理の宿題に取り組んだり、ほかの子どもたちと一緒にボーリングを楽しんだりして、自分の思いを実現させていました。

このとき、晃夫君はＮＨＫの密着取材を受けていて、後日放送された番組のなかで将来の夢を口にする場面がありました。

「気象予報士になりたい」

自宅の部屋の天井には、ベッドで寝ている晃夫君のために父親が作ってくれた天窓があります。そこから見える空の表情や天気の移り変わりを眺めているうちに、夢の輪郭がはっきりしてきたそうです。

人工呼吸器をつけた子どもが、社会人となった自分の姿を思い描き、放送で発信する。こんなことは、おそらくテレビ史上、初めてのことでしょう。少なくとも、僕の三十年間のマスコミ人生のなかでは、聞いたことがありません。晃夫君が、いつか新しい扉を開ける予感がしました。

実はこの話には、後日談があります。

放送を見たある人から晃夫君のもとに一通の手紙が届きました。送り主は、なんとＮＨＫの現役気象キャスター。晃夫君の夢を応援したいというメッセージが記されていました。手紙を読んだ晃夫君は、心の底から喜んだそうです。

二人の間にはその後も交流が続いていて、晃夫君は気象予報士になる希望をますます膨らませています。近い将来、人工呼吸器を付けた気象キャスターが天気予報を伝える。そんな番組が見られるかもしれません。

僕は「もし、もみじの家がなかったら」と想像します。

晃夫君はお試しの一人暮らしを経験できず、自分の意志と責任でさまざまな実践をする機会を奪われてしまいます。将来の夢をテレビカメラの前で語ることもなかったはずです。当然、その後の現役気象キャスターとの交流は生まれず、せっかくの夢はしぼんでいってしまったかもしれません。

さらに、もみじの家のような環境が整っていない地域に思いをめぐらせると、今も実際に、子どもたちの夢や希望が切り捨てられている現実が続いていると想像されます。これは、とてもつらいことです。

もみじの家は医療的ケアが必要な子どもたちの社会性を育み、サポートを受けながらの自立生活を疑似体験し、将来の夢を育てる貴重な場所にもなっていたのです。

新米ハウスマネージャーの僕は、十三歳の晃夫君から、とても大切なことを教わりました。

第五章

もみじの家を見てください

もみじの家って、どんなところ？

この本も終わりに近づいてきましたが、ここでようやく僕が新天地に選んだ国立成育医療研究センターのもみじの家についてくわしく紹介させていただきます。あえて、もみじの家の具体的な説明を後に回したのは、この本は「医療的ケアを考える本」。まずは現在の医療的ケアの現実やさまざまな問題について皆さんに知っていただきたいと思ったからです。

僕がハウスマネージャーをしているもみじの家を運営する「国立研究開発法人国立成育医療研究センター」は、わかりやすくいえば、子どもや妊婦のための総合病院です。神経内科や総合診療科、緩和《かんわ》ケア科、小児がんセンター、臓器移植センター、救急診療科、アレルギー科、集中治療科、遺伝診療科、メンタルヘルス診療科など、あらゆる疾患に対応しています。二〇〇二年、国立小児病院と国立大蔵病院が統合して誕生しました（当初の名所は、国立成育医療センター）。全国に六つある国立高度専門医療研究センター（ナショナルセンター）の一つで、「児童が健やかに生まれ、成育するために特に治療を要する疾患に関する高度かつ専門的な医療の向上」を目的に、感染症などの急性疾患や難病などの慢性疾患に苦しむ患者に対し、病院と研究所が一体となって高度先進医療を提供しています。

もみじの家は、二〇一六年春、僕がＮＨＫを辞めたのと同時期に、国立成育医療研究センターを母体として産声を上げました。でも、手術や治療をするところではありません。

では、何をしているかと言いますと、障害者総合支援法に基づく「医療型短期入所」という福祉サービスを提供しているのです。

もみじの家を利用できるのは、おもに医療的ケアが必要な子どもと家族です。毎月一回、最長で九泊十日滞在することができます。利用中の子どもと家族にとって、安心とくつろぎが実感できるような〈第二のわが家〉になること。それを目標として立ち上がりました。

もみじの家は、世田谷通り沿いにある国立成育医療研究センターの敷地の南西の端、駐車場の一角を利用して建てられました。鉄筋二階建てで、延べ床面積はおよその一千七百平方メートル。バレーボールのコート十面分以上のスペースが広がっています。

入口の自動ドアを入った壁面にもみじの家の大きなロゴマークが刻んであり、そこを通り過ぎて、家のなかに入っていきます。室内はオフホワイトを基調とした柔らかい色の壁、大きなガラスの扉からはたっぷりと日差しが差し込みます。中央部分は吹き抜けになっていて、シンボルツリーのモミジが植えられています。

一階には居室と共用ダイニングキッチン、お風呂があります。部屋は家族が一緒に泊まれる個室が五つに三人部屋が二つ。

「もみじの家」の入口。

最大で十一人の子どもたちが利用できるようになっています。

居室にはそれぞれ特徴がありますが、もっとも個性的なのが、家族が泊まれる部屋が併設された個室です。家族室は、医療的ケアが必要な子どもが寝泊まりする部屋の隣、ドアを一つ隔てた位置にあり、内部にはベッドが二つ並んでいます。僕はこの部屋を初めて見たとき、「まるでホテルのツインルームのようだな」と思いました。とても充実した環境に、目を丸くしたのを覚えています。

ではどうして、家族室をわざわざ子ども部屋の隣に設置したんでしょうか。もみじの家では、家庭で日常的におこなっている医療的ケアを、ケアスタッフが二十四時間、家族に代わって担います。子どもの状態によっては、深夜早朝も痰《たん》の吸引や必要な薬の投与などをするため、部屋に出入りしなければなりません。一方、家族たちは、日頃十分な睡眠がとれていません。子どものケアに追われて、夜中も安心して熟睡することができないお母さんたちがたくさんいます。もみじの家で久しぶりに深い眠りにつきたいと思っても、ケアスタッフの動きがあると、気になって眠りが浅くなってしまうという方もいます。

「子どもと一緒に泊まりたいけれど、人の気配を気にせず、ぐっすり眠りたい」そんな希望をかなえるのが、家族室を併設した個室というわけです。隣の部屋はまさに安眠の場となり、「出産以来、数年ぶりにゆっくり休むことができました」という声が何人ものお母さんから聞かれます。このタイプの個室が二つあります。

ほかの三つの個室は、一部屋タイプで、畳が敷いてある部屋と洋間があります。一方、三人部屋では家族は泊まらず、子どもだけが滞在します。医療的ケアは安心して任せていただき、家族には自由に過ごしていただきます。

ホテルの部屋のような家族室。

ここを利用する人に僕は「この機会にどんなことをしたいですか」とお聞きすることがあります。すると、皆さんからは、いつも同じような答えが返ってきます。

「久しぶりに夫婦で食事に行ってきます」

「たまりにたまっている家事を一気に片づけます」

「いつもなかなか相手をしてあげられない、ほかの子ども（医療的ケア児の兄弟姉妹）とたっぷり遊んであげたい」

洋間の個室。

畳のある個室。

こうした言葉は、一般の家庭では当たり前のことが日常的にできない、諦めざるをえないことの裏返しでもあると、僕は聞くたびに感じます。なかには「これまで具合が悪くても病院に行けなかったので、この機会にお医者さんに診てもらいます」という声に触れることもあります。

医療的ケアに追われながら、いかに無理や我慢や孤立を強いられているのか。病児だけでなく、両親や兄弟姉妹たちが、心身の疲労やストレスを蓄積させながら、社会から疎外されるリスクを抱えているのです。厳しい状況に追い込まれている家族が全国各地で耐えているかと思うと、何ともいえない切ない気分になります。

家の案内を続けましょう。一階には、赤と白の二色でデザインされた共用ダイニングキッチンがあります。広々としていて、まるで住宅展示場のショールームのようです。南向きの大きな窓からは明

共用ダイニングキッチン。家族同士のコミュニケーションのとれる場でもある。

るい日差しが差し込み、目の前に大きなソメイヨシノの木があるので、春には豪華なお花見を楽しみながら食事をすることができます。

さらに、一階にはお風呂が二つ。機械浴室と一般浴室があります。機械浴室は、ストレッチャー（横にしたまま利用者を移動させる簡易ベッド）に乗った子どもを浴槽の上に移動させた後、子どもを下に下げるのではなく、お湯を張った浴槽のほうが上に上がることで子どもたちが入浴できる最新のシステム。子どもにとっては上下動がないので安心感、安定感がありますし、入浴をサポートするスタッフにとっても、腰をかがめることがなくなるため、身体の負担は大きく軽減されます。ケアを受ける側にもケアをする側にも、メリットがある

一般浴室。

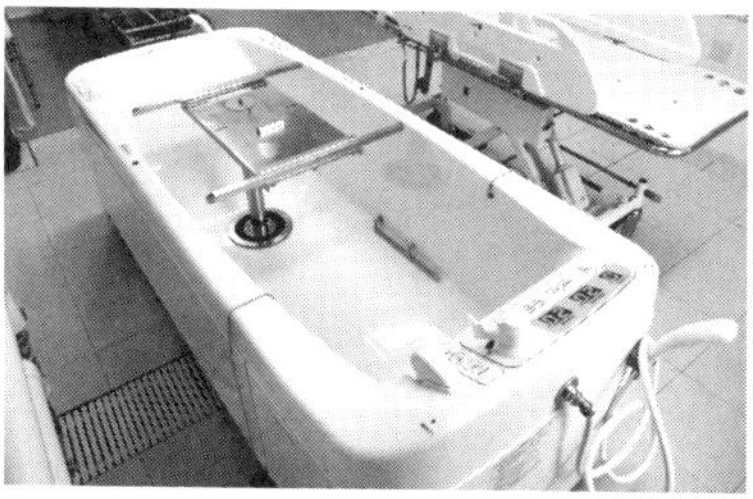

機械浴室。

わけです。浴槽がスイッチ一つでゆっくりと上昇をはじめたとき、福祉の現場の進化に、僕はカルチャーショックを受けてしまいました。

もう一つの一般浴室は、まるで旅館の温泉に来たような雰囲気が漂い、ゆったりした気分に浸れます。石作りの大きな浴槽は気泡《きほう》が吹き出すジャグジーが楽しめ、窓の外には小さな「坪庭《つぼにわ》」。ここで家族は「一緒にお風呂を楽しむ」という夢が実現できます。僕も経験がありますが、子どもとお風呂で楽しい時間を過ごすのは、親にとっては最高に幸せなひとときです。でも、医療的ケアが必要な子どものいる家庭では、命を守るための安全の確保が最優先となるため、みんなでゆっくり入浴するゆとりはありません。時間に追われるように子どもをお風呂に入れているのが現実です。この一般浴室では、普段はなかなか味わえない、〈家族の安らぎタイム〉を満喫することができるのです。もみじの家を利用した家族からは「お風呂がいちばん良かった」という感想が数多く寄せられています。

階段かエレベーターを使って二階へいくと、プレイコーナーがあります。縦横が一五・五メートル×一三・一メートル。テニスのシングルス用コートより広く、子どもたちが伸び伸びと遊ぶことができます。棚のなかには絵本やおもちゃが並び、落書きのできる壁もあります。遊ぶだけではなく、勉強したいという希望があれば、スタッフたちが学習のサポートもします。子どもたちは、同年代の友だちやさまざまな大人からの適切な刺激を受けながら成長発達していきますので、できるだけアクティブに遊んだり学んだりしてもらいたいと思っています。

刺激といえば、二階にはとてもワクワクする刺激的な部屋があります。「センサリールーム」と呼ばれる、五感を育む部屋です。十畳ほどの薄暗い室内には、円柱型の水槽のなかで気泡が踊る「バブルユニット」やくるくる回るミラーボールなどが、赤や緑、黄色といったカラフルな光を発して楽しませてくれます。これは、視覚の刺激になります。さらにユニークなのは、温水を満たしたウォーターベッドが備えてあることです。子どもをベッドの上に寝かせてゆらゆら揺らしてあげると、まるで海に浮かんだような気分を味わえますし、耳からはチャプチャプと波のような音が聞こえてきて聴覚の刺激にもなるという趣向です。刺激といっても、柔らかく心地よいものですので、子どもと一緒に楽しい時間を過ごしてリラックスしている親御さんもいらっしゃいます。

僕は最初にもみじの家をぐるっと一回りしたとき、しみじみと、こう思いました。

「こんな素敵な家で働けるなんて幸せだ。気合を入れて頑張らないと」

もみじの家のミッション

実は、僕にNHKの早期退職とハウスマネージャーへの転身を決断させる大きな力となったのは、もみじの家が掲げる理念やミッションでした。それは「社会の変革」を謳った、実に魅力的なメッセージで、僕の心を力強く揺さぶったのでした。

もみじの家には、次のような〈精神〉が規定されています。
○理念〈その人らしく生きる〉
重い病気を持つ子どもと家族一人ひとりが、その人らしく生きる社会をつくります。
○ミッション〈新しい支援の創造〉
重い病気を持つ子どもと家族に対する新たな支援を研究開発し、提言することにより、社会の理解を深め、新しい支援のしくみを全国に広めることをめざします。
そして、次の三つをコンセプトとしています。

①その人自身の生活を基にした、個性を尊重したサービスの提供
・さまざまな医療的ケアに対応し、子どもと家族のニーズに寄り添います。わが家のように安心・リラックスできる団欒の場をつくり、子どもの成長・発達に応じてわくわくする体験を提供します。

②積極的に地域と交流し、みんなで支え、育てていく社会作りに貢献
・ボランティアや障害者雇用を積極的に取り入れます。社会とのつながりが希薄になりがちな子どもと家族を、地域と関わることができるように支援します。

③医療・福祉を融合させ、子どもの個性に合わせた新たな支援モデルの創造
・日本で初めての公的な医療機関での医療型短期入所施設として、医療と福祉の制度を融合させた新たな支援モデル（↓P144）をめざします。

僕はこの思想に初めて触れたとき、「社会を変革する、その一翼を担うことがで

きるかもしれない」と高揚感に包まれ、そのときにハウスマネージャー就任の気持ちが固まったのでした。六十歳の定年まで、あと数年のこと。

「社会的に意義のあるミッションに向かって、集中的に継続的に取り組める最後のチャンスになる」

僕にとっては美味しそうなニンジンが目の前にぶら下がり、いてもたってもいられなくなってしまったのです。しかし、後にそれは、中身がかなり苦いニンジンであったことは、先に記したとおりでした。

もみじの家の一日

もみじの家は、週末も祝日も年末年始も、利用を希望する家族があれば、三百六十五日休まずにオープンしています。

では、もみじの家の一日の流れを時間を追って説明しましょう。

朝八時半、日勤の看護師や保育士、介護福祉士、事務職員が一階のスタッフコーナーに集合します。当日の見学者や会議の予定、マスコミ取材のスケジュールやボランティアの顔ぶれの確認をした後、夜勤明けの看護師から利用中の子どもたちの様子について申し送りがおこなわれます。

朝食を済ませた子どもたちは、九時半になるとケアスタッフに付き添われて、二階のプレイコーナーに上がってきます。ここに理学療法士やボランティアさんが加わり、毎日一時間、みんなで顔を合わせて過ごします。挨拶や身体をほぐすマッサージをした後、賑やかな遊びや学びの時間を過ごす、日中活動です。

春は目の前に咲き誇るサクラを観察して絵具で写生したり、夏には屋外のテラスにビニールプールを出して水の感触を楽しんだり。秋はお月見をテーマにもの作り、冬はクリスマスや節分の季節感を味わいます。日によっては、子どもを乗せた大きなシーツを大人二人で持ち上げてゆらゆら揺らすシーツブランコやボーリングゲームなど、アクティブなプログラムを組むことや、手作りの楽器で合奏を楽しむこともあります。

その間、一階では利用者の入退所であわただしい時間を迎えます。

その日に退所する家族は、十時までに事務手続きを済ませ、荷物を整理して部屋を空けます。それと入れ替わりに、十時以降、一日最大四組の家族たちが次々と入所のためにやってきます。その都度、看護師が子どもの熱を測ったり、ボランティアさんがバギーの車輪をきれいに拭いたり、みんなでたくさんの荷物を運んだり、入れ代わり立ち代わり、あっちへ行ったりこっちへ行ったりします。

二階のプレイコーナーで日中活動が終わる十時半からは、それぞれ自由な時間になります。活発に遊んだ後なので、一階の部屋のベッドで休む子もいれば、リビングでＤＶＤを見てゆっくりする子もいます。お昼ごはんの後、元気な子は引き続きプレイコーナーで遊ぶもよし、カラフルな光の刺激やウォーターベッドが楽しめるセンサリールームで過ごしても構いません。一方、今後もみじの家を利用するために必要な登録面談をするためにやってくる家族もいます。担当の看護師とソーシャルワーカーが二階の面談室に案内し、子どもがどんなケアを必要としているのか、もみじの家でどんな経験をしたいのかなどを尋ねた後、事務長の案内で施設内を見学してもらいます。

僕は、午後にさまざまな会議が入ってきます。医師や看護師長、事務長、ソーシャルワーカーたちともみじの家の方針について話し合うコア会議や、医療事務の担当者と業務の問題点を洗い出す医事会議、母体である国立成育医療研究センターの上層部と今後の運営を検討する定例会、月に一度ケアスタッフが一堂に会する病棟会、近日中に利用予定の子どもの情報をスタッフが共有するケアカンファレンスなど、多いときには一日に四つの会議が集中することもあります。僕は会議のメンバーに議題を周知したり、提出する資料をまとめたりする作業に追

感覚を刺激する部屋、センサリールーム。

われるため、パソコンにかじりつかなければなりません。午前中からパソコンに向き合いはじめ、気がつくとあっという間に暗くなっているという日も珍しくないほどです。

そのほか、全国からやってくる行政視察や医療・福祉関係者の見学のご案内、テレビや新聞・雑誌の取材対応など、広報マンとしての仕事が矢継ぎ早に加わってきて、時間に追われる日々を送っています。

夕方四時半になると、子どもたちがふたたび集合します。今度は一階のプレイコーナーで「もみじの会」という遊びの

プレイコーナー。見渡しやすいため、ケアスタッフの眼が行き届く。

時間を三十分程楽しんで、一日の活動の締めくくりです。ここでも、絵本の読み聞かせをしたり歌を歌ったりしながら、子どもたちが一緒に過ごし、交流できるよう、毎日努めています。

夕方五時を過ぎると、その日の夜勤担当の看護師へバトンタッチ。子どもたちが夕飯を済ませた後は、夜九時に消灯し、看護師二人で翌朝まで子どもたちのケアや見守りを続けます。

もみじの家を利用する子どもの多くは医療依存度が高いため、滞在中に状態が不安定になることもあります。熱が出た場合は、ほかの子への感染が心配されるために原則、緊急退所で自宅へ戻ってもらいます。また、体調が悪化したときは、すぐ目の前が国立成育医療研究センターの救急外来の窓口ですので、いつでも医師に診てもらえるようになっています。この「いざというときにもすぐに対応できる環境」は、医療的ケアが必要な子どもを預ける家族たちにとって、何よりの安心感につながっているようです。

子どもたちの命の安全を守りながら、成長発達に欠かせない遊びや学びのプログラムを毎日提供し、メリハリのある一日のリズムを意識してコミュニケーションや刺激がたっぷりの時間を過ごす。これが、もみじの家が開設以来大切にしている考え方です。特に就学前の医療的ケア児たちの多くは、保育園や幼稚園に通えず外出もままならないため、単調で刺激の少ない毎日になりがちです。お母さんたちは、そのことが子どもたちの成長発達や社会性の獲得を妨げ、将来への悪影響となることを心配しています。僕たちは、「せめてもみじの家を利用している数日間は、その心配を忘れてもらい、安心してくつろいだひとときのなかで心身を休め、リフレッシュしてほしい」

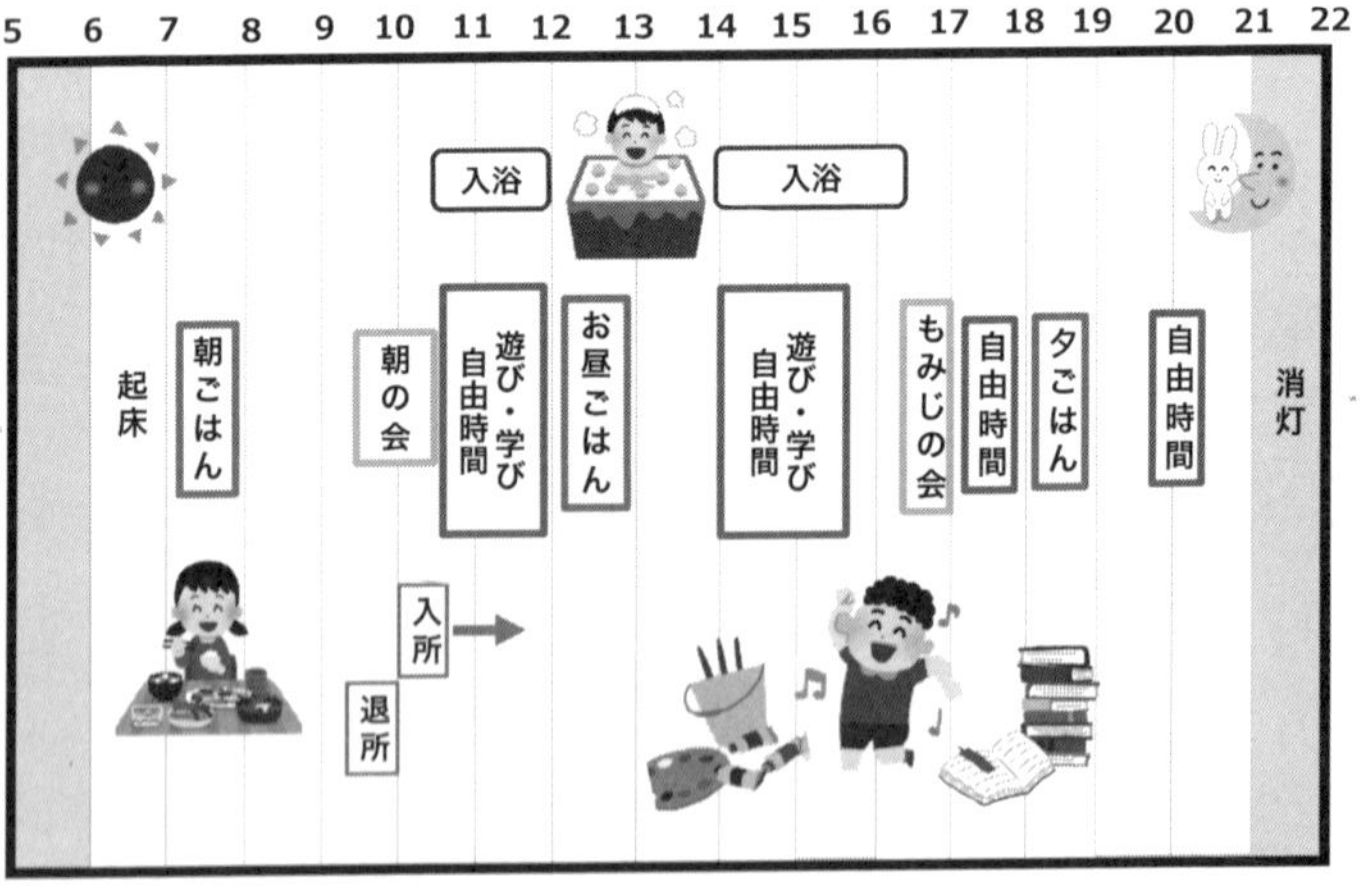

「もみじの家」での、子どもたちの一日の流れ。

と思いながら、日々の取り組みを続けています。

利用後のお母さんたちへのアンケートを集計してみると、「また、もみじの家を利用したいですか？」という質問への答えが、五段階評価で平均四・九にのぼっています。この結果を見て、僕たちの考え方や実践が多くの利用者から支持され、もみじの家でのサービスが、医療的ケアが必要な子どもと家族が待ち望んでいた支援であることを確信しています。

スタッフの仕事

それでは次に、大きなミッションを達成する基盤を築くため、現場で直接子どもたちと向き合い、日々のケアを担っているスタッフについてご紹介します。

看護師は十五名いて、平日は看護師長のほか四名前後の日勤、毎晩二名の夜勤体制を組みます。加えて、保育士が二名、介護福祉士が一名の総勢十八名。この多職種連携チームが、三つのポイントに重点を置いて、手厚いケアに当たっています。

①子どもたちの命を二十四時間守る「医療的ケア」〜家庭でおこなっているケアをそのまま引き継ぐ。

・施設側の都合に合わせた方法やスケジュールで医療的ケアをすることはせず、自宅と同じノウハウを引き継ぎ、実施します。日常とは異なるケアをされてしまうと、子どもから離れたお母さんは「いつもと違ったケアのやり方で大丈夫だろうか？」と心配になるからです。「家庭でのケアを、もみじの家でも実践する」。これが、重い病気の子どもを他人に託す家族の安心感につながっています。

②豊かな子どもらしい時間を保障する「日中活動」〜遊びや学びのプログラムを日々提供し、成長発達を支援する。

・家族にとって、医療的ケアの重責から解放されることに加えて、預けた子どもが楽しく過ごしているか、寝かせきりにされていないか、その不安が解消されなければ本当の意味でのレスパイト（休息）にはなりません。もみじの家では、適切な刺激で子どもたちの成長発達をサポートするため、〈日中活動〉と呼ばれる遊びや学びの時間を毎日のプログラムに組み込んでいます。日替わりで「うごく」「かんじる」「つくる」「おんがく」からテーマを決め、日頃は幼稚園や保育園に通えない子どもたちにとって貴重な集団保育の時間を提供していま す。子どもたちを寝かせきりにしないこの活動は、お母さんたちに精神的なくつろぎを保障することにつながっています。

③入浴や食事、排せつ、移動などの手助けをするていねいな「生活介助」

・一般的な福祉施設では、お風呂に入れるのが週に一〜二回といわれていますが、もみじの家では原則、二日に一回、お風呂に入れています。抵抗力の弱い子どもが多く利用するため、感染症予防のために清潔を保つことは大切です。そして何よりも、お風呂のなかで心地よさを感じることができ、自力で動けない子どもでもお湯のなかで手足がゆらゆら動く感覚を味わうことができます。食事や移動の際には、その子に適した姿勢に気を配ります。医療依存度の高い子や、医療的ケアがあっても動き回れる子など、ほかの施設では受け入れを断られがちな子どもたちにもていねいに向き合い、日常生活を支えています。

利用者の声

もみじの家では利用を終えた家族に、アンケートに回答してもらうようお願いしています。率直な感想を書いてもらうことで、家族の要望に沿った施設の運営を模索するためです。「利用の目的」「医療的ケアや保育に対する評価」「いちばん気に入った点」「改善を要望すること」などについて、おもにお母さんたちが答えてくれます。

二〇一八年三月の時点で、四百四十件を超える声が寄せられました。

僕は、すべてのアンケート一枚一枚に目を通しています。そこには、まさに医療的ケア児と家族の置かれた日常が刻まれていて、読めば読むほど、その厳しい現実が手に取るようにわかるからです。

特に「利用の目的」に記されたお母さんたちの声からは、子どもたちが置かれている現実を生々しく感じることができます。

・子どもが楽しく安全に過ごせる場所ができるのを待っていました。

・安心して楽しめる場所に出かける経験をさせてあげたかった。

・子どもの楽しい場所を作ってあげたい。

このようにアンケートには、「楽しい」「楽しめる」という言葉が、繰り返し出てきます。裏を返せば、日常的に楽しい経験や楽しめる場所がないということです。

小学校に入る前の子どもたちは、医療的ケアに対応できないという理由から、保育園や幼稚園に通えないケースが多く、お母さんたちは自分の子どもが周りの子たちと同じように、外の世界で豊かな経験が積めないことに不安を感じています。同じ年代の子どもたちと刺激しあい、学びあい、互いに成長する機会を奪われた状態は、社会性を育むことにも深刻な影響を与えかねません。

・家ではできない遊びをたくさんしてくださり、子どもにとって良い刺激になると思い、利用した。
・子どもの発達を促すため。
・将来に向けての自立への準備としての経験の第一歩。
・子どもの自立のため、お試し泊まりをした。
・家族と離れて過ごす練習、いろいろな方と関わること。

・コミュニケーション能力を高める。
・本人にいろんな場所での生活をさせてあげたい。
・いろんな人との触れあいで本人が成長できること。
・本人の経験を増やしたい。
・子どもがいろいろなところで生活できるようにさせてやりたい。
・限定された人からの関わりが多いため、いろいろな人や場面に対応できることが目標。
・子どものために、社会に出て人との関わりを持つことがいいのではないかと思い、今回利用させていただいた。

休むことが許されない医療的ケアによる心身の疲労に加えて、子どもの発達や将来の不安を抱えながら日々過ごしている日常を映した記述が数多く見られ、ご両親の心情を思うとつらくなります。

また、ほかでは経験できないサービスを期待する声や、そもそもほかの福祉施設では受け入れを断られていた家族の切実な声が届くこともあります。

・これまでの短期入所は、ベッドのなかでじっと時間が過ぎるのをただ待つばかりで本人にとってつらい時間なので、子どもにとって楽しい時間が過ごせるのではと思った。
・別の短期入所施設は寝かせっぱなしで、心配になって毎日のように足を運んで抱っこや吸引をしていたので、あまり休養にならないと思い、利用を控えようと思っていたが、子どもが楽しめるもみじの家の存在を教えてもらい、子どもと一緒に利用した。
・子どもが歩けることを理由にレスパイトできるところがなかったが、もし自分に何かあったら子どものことをどうすればいいのか常に不安があるため、私以外に娘のケアをできる人が少しでもたくさんいてほしいという願いから。

医療的ケアがあっても歩ける子はいます。子どもが歩けることはもちろん良いことですが、ケアをするスタッフにとっては、ときにマンツーマンの対応を強いられ、業務の負担や事故につながるリスクは大きくなります。リスクを減らすためにスタッフを増員したくても、それを財政面から支える制度が十分ではないため、思うようにはいきません。つまり、施設としては受け入れたい気持ちがあったとしても、経営の問題や事故のリスクを考えると門前払いせざるをえないのが、今の悲しい現実なのです。

もみじの家では、そうした「動ける医療的ケア児」についても、希望があれば登録を断ることはしません。医療的ケアがあるという理由で「介護難民」になりがちな子どもや家族を迎え入れて支えることが、開設以来の大切な使命だからです。

めざすは、「医療的ケア児と家族のためのゆりかご」です。

第六章

僕のできることは？

竣工記念式典

僕がもみじの家で初めて役に立ったと思えたのは、二〇一六年四月十五日におこなわれた竣工記念式典でした。実際に短期入所の利用がはじまる前に、国会議員や厚生労働省の職員、設立に必要な寄付や支援をしてくださった方々をお招きしての、お披露目の式です。

元アナウンサーの僕の役割は（当然ながら）総合司会。式典の司会進行です。もちろん大変な重責で失敗は許されない仕事ですが、三十年間、さまざまな放送やイベントを取り仕切ってきた身としては、それほど難しい仕事ではありません。

前日のリハーサルでは、アナウンスだけでなく、来賓の方を誘導する担当者の動きの指示やテープカットの段取りなど、順調に式典を進めるための確認、指示もおこないました。

竣工記念式典当日、会場となった国立成育医療研究センターの講堂は、国内外から招待した百人以上の人で埋め尽くされました。独特の緊張感に包まれながらも、開会の挨拶、参列者への感謝の言葉、スピーチしていただく方々の紹介、祝電の朗読など、式典終了まで順調に進めることができました。来賓の方々からは、もみじの家の前途を祝す言葉を次々といただき、僕は司会をしながら、晴れやかな気分と、これから担う役割の大きさに胸を膨らませていました。

「さすが、プロは違いますね。やっぱり、声がすばらしい！」

「内多さんをもみじの家に招いて、良かった」

まだもみじの家に子どもたちを迎え入れる前で、ハウスマネージャーとしての仕事は何もできていませんでしたが、アナウンサーとして培ってきたスキルをほめてもらって気分上々です。

「これまでの経験が、こんな場面で役立つなんて思ってもみなかった。大役を果たせたし、たくさんの人に喜んでもらえて良かった」

何か、このまま楽しく仕事が進められそうな予感がしました。しかし、その能天気な予感は、全く的中しませんでした。そんな単純なストーリーが準備されているわけはなく、このあと実際に医療的ケアが必要な子どもと家族の利用がはじまると、厳しい現実の前に自分の無力さが骨身にしみる日々が待っていたのです。
あまりにも短絡的だった頭の中身に、我ながらあきれてしまいます。
僕にできることは、一体何なのか。それを模索する日々がはじまりました。

子どもたちが来てくれない!?

とりわけ、新米ハウスマネージャーの頭を悩ませたのは、開設から三か月間は、家のなかがガラガラだったことです。

もみじの家は、最大で十一人の子どもたちが一度に泊まることができます。それくらいのニーズは十分あるだろうという見込みを立てて、設計しました。

でも、開設当初は、利用できる人数を三人に抑えてはじめることにしました。限られたベッドしか使わなかったのには、わけがあります。

医療的ケアが必要な子どもを受け入れて、入院ではなく〝短期入所〟という福祉サービスを提供するこれまでにない取り組み。

施設側のやり方に合わせるのではなく、それぞれの家族が日常的に自宅でおこなっている医療的ケアをそのまま引き継ぐ新しい試み。看護師と保育士・介護福祉士が多職種連携で臨むケア……初めて尽くしの事業でしたので、まずは安全を第一にスタートさせ、徐々に利用者を増やしていこうという考えからでした。

いざというときは、目と鼻の先にある病院本体の救急外来が受け入れてくれるので安心ですが、基本的に夜間から早朝にかけては看護師だけで子どもたちの命を守ります。ひとたび深刻な事故やトラブルが起きてしまえば、大きな期待を背負って実現した新規事業が、たちまち頓挫してしまいます。もみじの家の開設に関わった多くの方々の努力を水の泡にすることはできません。そんな思いから、きわめて慎重な船出を選択したのです。

定員を三人という少数に絞ってはじめたわけですから、僕は当然のように、毎日毎日、三人の子どもがやってきてくれるだろうと思い込んでいました。二〇一六年の開設時には、もみじの家を利用するために必要な事前の登録面談を済ませた子どもがすでに八十人以上いましたから、連日三人の利用に何の疑問も持っていませんでした。

ところが、です。四月二十五日に初めて子どもを受け入れた日は、利用者はたった一人でした。「まあ、初日だから。すぐに定員いっぱいになるだろう」

ところが、ところが、です。翌日も翌々日も、利用者は一人のままでした。四日目にようやく二人となりましたが、五日目は再び一人となり、初めての週末となった土曜日には、なんと〇人。広々としたもみじの家のなかが、し〜んと静まり返り、まさに〝開店休業〟状態となってしまったのです。

五月に入っても、状況は改善するどころか、悪化する一方でした。三人の定員が埋まる日が、かろうじて二日間ありましたが、全く泊まる子がいない日が一か月のうち十九日もあり、一日平均の利用者数を計算すると〇・七人という信じがたい、絶望的な数字となりました。

もみじの家のような施設を待ち望んでいた家族はたくさんいるはずです。事前登録した皆さんは、利用したい気持ちからわざわざ面談に来てくださったに違いあり

ません

「一体全体、どうしてしまったんだろう？」

僕は、わけがわからなくなってきました。そして同時に、不安になってきました。ある利用者のお母さんからは、「だいたい母親というものは、どんな施設ができたのか、どんなケアをしてもらえるのか、何か月かは様子を見てから利用するものだから、そんなに心配することはないですよ」となぐさめられましたが、僕の後ろ向きな気分は変わりません。

「この先、利用者が増える日は来るんだろうか」

「はたして、もみじの家は必要とされているんだろうか」

事業計画を担うハウスマネージャーとしては、このままの状態では計画より大幅に赤字が膨らんでしまうことも、とても心配でした。

「経営不振の責任をとって、一年もたずにクビになるかもしれない」

不安と心配の負のサイクルに飲み込まれて、恐怖心さえ覚える日々が続きました。

六月に入って、三人利用の日が八日に増えたものの、〇人の日が十四日。ほぼ半分が、〝じ〜ん状態〟。一日平均利用者数は一・一人でした。

「これは、このまま手をこまねいているわけにはいかない」

いよいよお尻に火が付いた僕は、同僚たちと対策を練った結果、ある決断をしました。それは、〝利用条件の緩和〟。もみじの家を利用できる対象者を広げるという試みです。実は、開設以来、もみじの家を利用できるのは、母体である国立成育医療研究センターに通院している子どもに限っていました。子どもを直に診察して身体の状態を把握している医師が身近にいる安心感とともに、すでに診療情報が電子カルテに記録されているので、看護師などのケアスタッフたちもスムーズに情報が共有できます。これも、安全にスタートを切りたいという狙いからでした。

「この利用条件を撤廃して、どこの医療機関にかかっていても利用できるようにする」

僕がもみじの家で仕事を初めて三か月。開設以来の決まりごとに、初めて手を加えた経験でした。利用条件の変更を知らせる文書を作り、ホームページで告知をし、福祉や行政の関係先に足を運んで情報の修正、拡散に努めました。

七月。改善の兆しは一向に感じられません。し〜んの日は四日に減ったものの、定員一杯の日も四日に減ってしまい、一日の平均利用者数は一・六人と伸び悩みました。気持ちは滅入り、落ち込みました。

「ほかの福祉施設を運営する皆さんも、毎日こんな思いで過ごしているんだろうか。正直、しんどい」

弱音ばかりが口をつきます。弱気の虫が頭をもたげます。弱虫毛虫です。はさんで捨てられてしまうかもしれません。

ところが、捨てる神あれば、拾う神あり。厳しい暑さが続いた八月。真夏の空のように、ようやく明るい陽が差しはじめました。

子どもたちがもみじの家にやってきてから四か月目に入り、ケアスタッフにも余裕が出てきたことから、八月は定員を四人に増やして臨んだところ、劇的な変化が起こりました。

それまでは、毎月の利用者が十人台にとどまっていて、予約の申込みをした人に対して利用を断るということはありませんでした。ところが、八月は予約の申込みが一気に六十人を超え、初めてお断りをしなければならない事態となったのです。

要因となったのは、「夏休み」。七月までは学校に通っていた子どもたちの家族が、もみじの家を利用するタイミングを八月に集中的に選んでくれました。また、少数ながら「もみじの家を口コミで知った」「新聞に載っていたので、利用しようと思った」という意見も増えてきて、徐々にもみじの家が知られはじめてきたのかな、と胸をなでおろしました。

「やっぱり、ニーズはある。これからもっと、利用できる人数を増やしていきたい。いや、増やさなければならない」

ちなみに、翌年の二〇一七年八月には、すさまじい数の予約申込みが殺到しました。その数は実に百三十に上り、定員は八人に増やしていましたが、それでも半数の六十五人の利用を諦めていただくことになりました。毎日のように閑古鳥が鳴いていた日々と比べると、まさに隔世の感があります。

二〇一六年八月に時間を戻しますと、それ以降は、ほぼ毎月四十人を超える申込みが続き、二〇一七年に入ると六十人、七十人、八十人と順調に伸びていきました。

この時期は、「利用のきっかけは何ですか？」の問いに対して「口コミ」と答えた人の割合がもっとも多くなり、一度もみじの家で過ごした方たちが学校やネットなどで良い噂を広げてくれていることが実感できました。

「自分たちがめげずにやってきたことは、間違っていなかった。ニーズはどんどん掘り起こされている」

しかし、利用希望者が増えて、これで順風満帆というわけにはいきませんでした。それは、いったん予約が確定した後にキャンセルが多く出るという現実です。開設以来、ほぼ毎月、キャンセル率は一〇％を超え、多い月は三〇％近くに達しました。

「何か良い方法はないものか」

ここで僕は、二〇一六年の秋、次なる一手を考えました。〝空床《くうしょう》カレンダー〟です。ホテルの空室情報のように、キャンセルで宿泊できることになった日に丸印を打ったカレンダーをホームページにアップして、「二次募集」をおこなうことにしました。これが想像以上のヒットで、空床カレンダーを載せると程なく、予約希望の電話が入り、キャンセルをカバーしてくれるというパターンが定着しています。

ただ、空床カレンダーを新しく更新する際には、ホームページの複雑なプログラムに手を加えなければなりません。これを担当しているのが五十歳代の私と六十歳を超えた事務長の昭和のおじさん二人で、マニュアルと首っ引きでパソコンのキーボードをたたきますが、ときどき微妙に操作を誤って、大事なホームページがおかしな画面に変身してしまったり、機能不全になったりしたのには閉口しました。そんな紆余曲折を経た結果、今はずいぶんと慣れて、マニュアルなしでもカレンダーの更新がスムーズにできるようになりました。これもまた、隔世の感です。

今では一日に九人の子どもたちが利用することも珍しくなくなり、二年前と比べると、ずいぶんと賑やかな活気のある家となりました。そのまわりをケアスタッフとボランティアの皆さんが取り囲み、家族のように子どもたちに接しています。そんなほのぼのとした時間のなかにいると、僕たちがめざしてきた〝第二のわが家〟のような存在に近づけているように思えて、うれしさがこみ上げてきます。ここにたどり着くまでには、いくつもの苦労や後悔や挫折がありましたが、それもこれもすべて忘れてしまえるような、幸せな光景です。

「この幸せな光景を、全国各地に広げていかなければならない」

そのために僕ができることは、ほかに何があるでしょうか。

メディアが注目

おかげさまで、もみじの家が誕生した二〇一六年四月からこの原稿を書いている二〇一八年五月まで、テレビやラジオ、新聞、雑誌の取材が切れ目なく続いています。

医療的ケアという現代的課題にマスコミもこぞって注目しています。各メディアとも、「社会的な支援が欠かせない、新しいタイプの介護問題」として、クローズアップしています。ハウスマネージャーとしての僕の大きな役割の一つが、広報。その内容は、医療的ケアが必要な子どもと家族の現実を伝え、多くの人に知ってもらうこと。ですから、もみじの家のような施設の果たす役割の必要性を訴えるために、積極的にメディアの取材を受け入れました。

なかには、僕の五十歳を過ぎての転職のほうにスポットを当てる取材も多くありましたが、それを入口に医療的ケアのことが記事になればありがたいと思い、喜んで広告塔になって個人的な話も披露しました。

もみじの家のことをいちばん熱心に取材してくれたのは、NHKの朝のニュース番組「おはよう日本」です。この番組では、開設まもない二〇一六年五月からはじまり、同年十月、翌年七月と、三回にわたって特集を組んでくれました。毎回十分以上、医療的ケア児について全国に放送されたことは、ほかのメディアの動きにも少なからず影響を与えたと思います。NHKはラジオの全国放送でも二回、放送枠を提供してくれたほか、国際放送でも世界に向けてこの問題を発信してくれました。古巣からいただいた大きな「援護射撃」には、感謝の気持ちでいっぱいです。

このほか、民放でも、ニッポン放送、TBS、BS日テレ、日本テレビが特集を組んでくれました。

新聞は、もみじの家開設前から、さまざまな記事を書いてくれていましたが、そのなかでも大きかったと思うのは、朝日新聞が二〇一六年十一月、一人の人物に焦点を当てる「ひと」というコラムで僕を取り上げてくれたことでした。

その記事は大きな反響を呼び、もみじの家への社会的関心が波紋のように広がっていったと思います。その後、毎日新聞、日本経済新聞、産経新聞、夕刊フジ、東京新聞、読売新聞が立て続けに記事を掲載し、週刊女性や文藝春秋、ソトコトなどの雑誌にも「医療的ケア」の文字が刻まれるまでに流れは加速しています。ミュージシャンのＭＩＳＩＡ《ミーシャ》さんや女優でキャスターの板谷由夏《いたやゆか》さんが直接もみじの家に足を運んで取材をしてくださったこともありました。僕は放送業界にいた経験から、事業を開始してから一年を過ぎるとニュース性が薄れていってマスコミは引いていくと予想していましたが、二年目に入って取材が減るどころか、かえって勢いを増している感がありました。まさにうれしい誤算です。

そして、二〇一八年二月十六日には、歴史的な出来事がありました。皇后さまが、もみじの家を訪問されたのです。一時間を超えるご滞在の間、利用中の家族や国立成育医療研究センターの職員たちにねぎらいのお言葉をかけてくださいました。さらに、「このような施設が全国に増えると良いですね」と、まだ医療的ケア児と家族のための施設が整っていない地域への心配りもされていました。この〝全国に〟というお気持ちは、もみじの家が掲げている理念とぴったり重なるもので、ありがたいエールをいただいたような気持ちになりました。

もみじの家の誕生前に比べると、医療的ケアが必要な子どもの存在や、家族がケアに追われる日々、支援が届いていない現状については、ずいぶんと知られるようになってきました。マスコミ業界の外側の人間となり、今さらながら、マスコミの影響力の大きさを実感しています。

かつてマスコミに身を置いた者として

「もみじの家」医療的ケア必要な子の短期入所

ひと

NHKアナウンサーから子どものケアの世界へ転身した

内多 勝康さん(53)

安心ケア もっと笑顔に

受け入れ拡大 増える利用者

子どもホスピス「もみじの家」開設1年

「もみじの家」は、さまざまな新聞に記事として取りあげられた。

は、広報活動は力の見せどころ。まだまだ、できることはありそうです。

医療的ケアの現実

「マスコミを通じて高まってきた関心を一過性のものに終わらせないために、ほかの手段も駆使して、分厚い広報活動を進める必要がある」

そう思った僕は、メディアへの情報提供と並行して、全国各地での講演活動を通じて支援の必要性を訴えています。パソコンの苦手意識も克服し、ホームページやフェイスブックから最新の情報にアクセスできるよう、ページの更新に努めています。医療的ケア児と家族を社会全体で支えるという国民的コンセンサスが生まれ、公的な制度がそれを保障するようになるまでは、歩みを止めるわけにはいきません。

さらにもう一つ、僕が精力を注いでいる広報活動が、三か月に一回発行している「ニュースレター」の編集・発行です。もみじの家をめぐるフレッシュなニュースや、医療的ケアをキーワードに活動しているグループを紹介するコーナー、利用者の家族写真を掲載する「もみじ写真館」などで構成され、毎回七千部ほどを医療・福祉関係者や見学者、寄付を寄せてくださった方などに配布しています。

二〇一七年の年明けを飾るニュースレター一月号では、医療的ケア児と家族が置かれている現実を伝える記事を掲載しました。その原稿を、皆さんにも読んでいただこうと思います。

◉ニュースレター一月号の記事から

もみじの家では、医療的ケアが必要な子どもと家族が、毎日楽しく過ごしています。しかし自宅に戻ると、両親、特にお母さんが二十四時間ケアに追われ、深夜早朝を問わずゆっくり休めない日々が続きます。そうした厳しい現実が広く社会に知られることは、これまでなかなかありませんでした。

今回は、もみじの家を利用する家族が、どのような日常を送っているのか知っていただきたいと思い、ある母子の承諾を得て、原稿を書くことにいたしました。

二〇一一年の十月、茅野多実《ちのたみ》さんは、陣痛が始まる前に破水し、妊娠二十九週で勝実《かつみ》君を出産しました。勝実君は千二百七十四グラムという小さい身体で生まれ、約三か月、NICU（新生児集中治療室）に入院しましたが、無事退院。そのときは、特に心配するようなことはありませんでした。

しかし、退院まもない頃に受けた検査で、勝実君は「ミトコンドリア病のリー脳症」と診断されました。ミトコンドリアは全身の細胞のなかにあって、私たちが活動するために必要なエネルギーを生み出す大切な役割を担っています。ミトコンドリア病とは、このミトコンドリアの働きが低下する病気で、細胞の活動に障がいをきたします。国が定める難病に指定されていて、決定的な治療法はありません。人によって症状が出る箇所が違いますが、勝実君は脳、心臓、筋肉など多臓器にダメージを受けるケースだったのです。

日頃、母親の多実さんは人前で涙を見せることはありませんでしたが、この日は病院からの帰りの電車のなかで、人目をはばからず涙を流しました。子どもの頃からスポーツ万能で、フィットネスクラブでインストラクターも務めていた多実さん。「どうしてわが子が、こんな病気に……」と、絶望的になりました。

その後、勝実君は繰り返し心不全《しんふぜん》やアシドーシス（血液が酸性化する）発作を起こして一時危篤状態となり、医師から余命数か月と宣告されましたが、新しい薬を試し、担当医の尽力もあって、自宅での生活を再開できるようになります。しかし、退院するときの勝実君の身体は、さまざまな医療的ケアが必要な状態になっていました。

・自発呼吸ができないため、気管切開に加え、人工呼吸器による二十四時間の呼吸管理

・ミルクや水分などを、一日五回、鼻から胃に通したチューブを使って注入（経管栄養）

・頻繁な痰、鼻水、唾液の吸引

それ以外にも、薬の吸入、排便を促す浣腸《かんちょう》、床ずれを予防するために体位を変える……多実さんの携帯電話は、二時間おきにアラームが鳴るようにセットしてあります。もし、うたた寝をしてしまっても、吸引や体位を変える時間が来たら必ず起きられるようにするためです。多実さんの睡眠は小刻みにならざるをえず、決して

深く眠ることはできません。勝実君の命を守るために欠かすことのできないケアが、終日、夜中も続くことになります。もちろん、ケアの合間を縫って、炊事・洗濯・掃除などの家事もこなさなくてはなりません。

加えて、多実さんは自由に外出することができません。エネルギーを上手に生み出せない勝実君の状態を悪化させないため、そして、命に関わる感染症から勝実君を守るため、外の空気を吸いたくても家にいなければなりません。友人との集まりも自粛し、情報交換はＬＩＮＥ《ラ イ ン》でおこなう毎日です。インスタント食品の食事が増え、以前は経験したことのない立ちくらみや偏頭痛《へんずつう》に悩まされるようになりました。

少しでも休息を得たいと、多実さんは以前、東京都内にある重症心身障害児のための福祉施設を利用しようとしたことがありました。しかし、問い合わせをしたすべての施設に断られてしまいました。勝実君が複数の医療的ケアを必要とすることが、おもな理由でした。医療的ケアに対応できる施設が乏しいなかで、多実さんの行き場は失われ、一日のほとんどを自宅で勝実君と過ごす日々が続いていたのです。

そうした時間が五年近く流れ、二〇一六年に勝実君と多実さんはもみじの家にやってきました。数日間の滞在中、医療的ケアを任せられることに加え、多実さんが喜んでいたのは手厚い保育を受けられることです。

反応がなかなか伝わりにくい勝実君に対しても、ケアスタッフたちは「どの色のペンが好きかな？　この色かな？」と根気よく問いかけを続けます。すると、勝実君は目をパチパチさせてYES・NOを伝えます。実は勝実君はオレンジ色が好きだったのです。父親の勝彦《かつひこ》さんは、「きっと俺が巨人ファンだったから、自然とジャイアンツカラーのオレンジが好きになったんだな」と感激していたそうです。

多実さんは、「こんな保育を受けられるのは、初めてです。私が外に行っていなくなっても、かっちゃんが寂しい思いをしない」とうれしそうに笑っています。そして、「もみじの家を利用中にやりたいことはありますか」と尋ねると、こんなふうに話してくれました。「かっちゃんを出産して以来、五年間ゆがんだままになっている骨盤《こつばん》を矯正するため、整体を受けに行ってきます」

今回、茅野多実さんは、「医療的ケアがたくさんある子の在宅の実情を、多くの人に知ってもらいたい」という思いから、取材に応じてくださいました。また、「親バカですけど、かっちゃんのことがかわいいから」ともおっしゃっていました。そして、「いちばん困っていることは？」という質問に対しては、「医療的ケアが必要な子どもと家族を支える制度がまだ足りないこと」という答えが真っ先に返ってきました。これはきっと、もみじの家を利用している多くの皆さんが感じていることだと思います。

実は、この記事が掲載されたニュースレターの発行から半年後、勝実君は敗血症《はいけっしょう》（血液に細菌が入って全身に回る病気）のため亡くなりました。僕は、母親の思いをこの本に刻みたいと思い、多実さんに文章を寄せていただきたいとお願いしました。多実さんは快く引き受けてくださり、勝実君への愛情が詰まった手記を届けてくれました。

勝実は双子の次男として生まれ、元気な子としてやっと家で一緒に過ごしはじめたときに病気がわかりました。家で過ごせたのもわずか、また入院。入院してからは、あれよあれよと今までできていたことができなくなり、病状が悪化し、身体を動かすことも、口から食事をとることも、呼吸すらできなくなりました。再入院して三か月経った頃、医師から今後のことについてカンファレンスがありました。

「残された時間は数か月、残りの時間をどう過ごしたいですか?」と。

「命の危険をおかしてまで家に連れて帰りたいとは思わないけれど、生まれてからほとんどを病院で過ごしてきた。少しでも家族みんな一緒の時間を過ごしたい。できる限り一緒にいたい」と直ぐさま答えていました。これが、在宅看護のはじまりでした。

後で知った話ですが、双子の兄・勝多《しょうた》も同じ病気で同じ状況だったため、私たち親の負担などを考え、「現実問題、在宅をするのは無理」と反対の声もあったそうです。それでも、「ご両親の希望です」と在宅へのGOサインを出してくださった主治医の先生には感謝でいっぱいです。在宅看護の了解が出なければ、勝実との時間はもっと限られていたと思います。

　そんな経緯を経て医療的ケアを覚え、まず、より容態が落ち着いていた兄の勝多が退院し、一足先に在宅生活をはじめました。その後、弟の勝実の病状も落ち着いて、家に家族揃ったのは、ギリギリ一歳のお誕生日前でした。在宅がはじまってからは、すわる暇もないくらい医療的ケアに追われ、睡眠も一日二時間から四時間。アラームが鳴るたびにあわてふためき、月に二〜三回救急車で搬送&入院。家で子どもを看るのが不安で、常に緊張した日々が続いていました。主人にも早く仕事から帰ってきてほしくて、当たり散らしたこともあります。ただでさえ子どもの急変でたびたび会社を休み、早く帰ってきてと言われ、主人の負担も大きかったと思います。

　そんなぎりぎりの生活をし、人に頼る生活をし、外出はできず買い物もネット、化粧をすることもなく、社会からの疎外感を感じていました。それでも、家でわが子と過ごせる当たり前の時間がすごく幸せでした。

　しかし、兄・勝多は身体に埋め込んだCV（点滴や採血ができる管）が詰まり、入れ替え手術をすることになりました。大人なら部分麻酔でおこなうわりと簡単な手術ですが、持病がある勝多にはかなりのストレスがかかり、心不全を起こしてしまいました。心臓のお薬調整を二か月程し、やっと退院できることになった日の前日、今度は敗血症を起こし、そのまま勝多は家に帰ることなく、一歳五か月で空へ旅立ちました。

残された勝実は余命数か月と言われていましたが、勝実自身の頑張りと主治医の先生のおかげで、数年という月日が流れました。

そうしたなか、やはり身体に無理がかかり、私の体調に変化が出てきました。頭痛・めまい・吐き気・微熱・倦怠感。さまざまな症状を見て、関係者の方はショートステイを勧めてくださいました。子どもを預けて、ママが身体を休める。「長く在宅をしていくにはママの身体も大事にしないと」とよく言われて、勝実を預かってくれる施設を探しましたが、東京都のすべての施設から断られてしまいました。都外で預かってくださる施設がありましたが、遠方への移動自体が勝実の身体に負担となり、また環境の変化やケアが在宅と異なることで、体調を崩して帰ってくることがほとんどでした。

自分の身体を休めないと在宅が困難になってきている。だけど預けることで勝実がしんどい思いをする。また家とは違い、当然ですが一人の看護師さんが複数の子どもを看ますので、勝実のような子どもはケアだけで大変で、ケア以外の時間はベッドに寝たまま一人で寂しく過ごしています。家で家族そろって過ごしたい。でも今のままでは限界がある。ショートステイは必要だけれど、親が休むために子どもに負担をかけ、寂しい思いをさせるのは、どうしても私のなかで罪悪感がありました。

そんななか、以前ショートステイ先として問い合わせたもみじの家から電話がありました。世田谷区に限られていた利用制限枠が変わり、勝実も利用できるようになったとのことでした。不安と期待を抱きながら、もみじの家に登録面談のため初めて伺ったとき、診察をした先生が主治医からのお手紙を熟読されている様子や、なかなか理解されない勝実の病状を調べたりしてくださった様子が伝わり、「ここなら安心して預けられるのでは」と感じました。

また、その後の看護師さんとの打ち合わせでも、こと細かく勝実の在宅の様子やケアの様子を聞いてくださいました。診察してくださった先生の勝実に対する姿勢と、家と同じようなケア、環境を考えてくださっている看護師さんの姿勢に、「もしかすると、ここなら大丈夫ではないか」と一筋の希望を感じました。

もみじの家を初めて利用したときは、付き添いをおこない、勝実の在宅看護の様子を看護師さんにお伝えしながらのお試しショートステイでした。はじめに感じたとおり、施設のやり方に勝実を合わせるのではなく、私のケア方法を看護師さんが覚えて勝実のケアをしてくださる。勝実が快適に過ごせるように！との姿勢がすごく感じられました。また、私が言うのはおこがましいのですが、こと細かにお伝えした在宅でのケアを忠実にしてくださりつつ、臨機応変に対応してくださり、何か問題点や疑問点があると、すぐさま対応方法を相談しながら決定して勝実に接してくださり、看護師さんのレベルもすごく高く感じました。

罪悪感の一つ目、「勝実の体調を崩してしまう」ことなく、ここなら安心して預けることができると思いました。

また、もみじの家では、保育の時間があり療育を受けることができました。勝実は外出できなかったので、普通の子のように保育園や幼稚園に通うことはできません。また、一部の地域でおこなっている訪問保育や訪問療育がない地域でしたので、教育や療育を受けることができませんでした。毎日、私と医療関係者だけの世界で過ごしていました。

もみじの家は、そんな勝実が療育を受けることができた初めての場所でした。勝実の体調を見ながら参加をさせてくださり、ときにはベッドごと移動して参加していました。もみじの家のなかをオリエンテーリング（探検）したと聞いたときは、本当に驚きました。

療育を受けはじめ、明らかに勝実の表情が豊かになり、目を開けることも増えました。私では気づかない勝実の反応を保育士さんから聞いたとき、病状からなかなか勝実とコミュニケーションがとれず、想像のなかで勝実と接することも多かったのですが、「この子ともコミュニケーションをとることができる！」と新たな発見にうれしく思いました。私と家にいるだけではできないたくさんのことを、もみじの家で経験できました。勝実がもみじの家で作ったカレンダーなど、四季おりおりの製作物は、今でも宝物です。訪問療育がない地域では勝実が療育を受けることをあきらめていましたが、もみじの家で療育の大切さを教えてもらい、在宅でも療育が受けられるように働きかけをおこなうきっかけともなりました。

そんなもみじの家での生活は、朝の会、製作の時間や終わりの会、その間の数多くのケアなど、心配するほどハードに感じました。しかし、勝実の状態を見ながら調整をしてくださるので、多忙なスケジュールをこなすことができ、私が思っているよりも勝実は強い子だとも教えてくれました。勝実自身も、もみじの家に行くのを楽しみにしているように感じました。

罪悪感の二つ目、「寂しい思いをさせる」こともなくなると思いました。

罪悪感や不安を感じながら、子どもを預けるのか？　預けるのをやめると、身体がもたなくて、いつか一緒に過ごせなくなるのではないか？

そんな思いを、もみじの家はなくしてくれました。安心して、寂しい思いをさせず、子どもが楽しんで過ごせるもみじの家なら、定期的に利用して私の身体を休め、リフレッシュし、これからも勝実とずっとずっと一緒に家で過ごせると思いました。いずれ私が年老いて在宅で勝実と一緒に過ごせなくなったとき、もみじの家のような長期入所施設があるといいなとさえ思っていました。

反面、利用者が増えて利用ができなくなる月があると、不安にも思いました。もみじの家のような施設はなかなかないと思います。ほかの施設が悪いわけではなく、いろいろな課題があって、もみじの家のような施設がなかなかできないのだと思います。これは容易に解決する問題ではないですが、勝実のような子どもの現状をたくさんの人に知ってもらい、制度の見直しがおこなわれて、家族みんなが楽しく、安心して笑顔で過ごせる場所が、もっともっと増えることを願います。

勝実・勝多へ

あなた達と過ごした日々は、本当に毎日が宝物だったよ。

あなた達は私にたくさんのことを教えてくれたね。

ずっと、もっと一緒にいたかった。

今でも恋しくて、会いたくて、触れたい思いでいっぱいだよ。

まだ、あなた達がいない生活に慣れず、下を向いてしまうこともあるけれど、胸を張ってあれが僕のママだよって言ってもらえるように、あなた達にはじない毎日を過ごすからね。

だから、いつかママがお空に旅立つときが来たら迎えに来てね。

ずっとママの子どもでいてね。

いつまでも大好きだよ。


勝実君がもう来てくれることはないのかと思うと寂しい気持ちでいっぱいになります。でも、ご家族が喜んでくれていたもみじの家を、もっと多くの子どもたちに喜んでもらえる「第二のわが家」にできるよう、前に進んでいかなければなりません。

「かっちゃん、てんごくから、おうえんしてくださいい」

「これからも、ぼくがやるべきこと、もみじのいえの、すすむべきみちを、おしえてください」

「朝の会」での楽しい遊び。

利用中の子どもと。

おわりに

皆さんは、医療的ケア児たちが提起する問題をどのように感じ、受け止めてくださったでしょうか。

連日、休みなく続く子どもの医療的ケアに追い詰められているご家族の方々がいらっしゃいます。ですから、ゆったりと安心してくつろげる環境のなかで、明日への英気を養ってもらうことが、僕たちの使命だと思っています。医療的ケア児と家族の幸せのために、看護師や保育士、介護福祉士、医師、理学療法士、ソーシャルワーカーなど、さまざまなプロフェッショナルたちが力を合わせています。そして、日々の出会いや触れ合いのなかで大きな喜びをいただいています。

しかし、「もみじの家」にいるときだけ安心してくつろげればそれでよし、ではいけないのはいうまでもありません。たとえ医療的ケアが必要でも、子どもどうしの遊びやバラエティに富んだ刺激により発達がサポートされ、それぞれの発達に沿った教育が保障され、親からの独立や就労への道が開けている。その流れを遮断させないためのネットワークがなければ、本当の意味での安心とくつろぎは訪れないのです。「もみじの家」が、そのセーフティネットを築くための大きな役割が果たせるよう進化することができれば、いうことはありません。

そして、「もみじの家」と同じような機能を持った施設が全国各地に飛び火し、どこに住んでいても医療的ケアが必要な子どもと家族が幸せを感じることができる社会が実現する。そんな大きな夢を描きながら、微力ですが、これからも全力を尽くす覚悟です。

そもそも、医療的ケアが必要な子どもの存在は、つい最近まで知られていませんでした。存在が知られていなければ、その子たちを支援しようとする気持ちや活動や制度が生まれてこなかったことも、ある意味、仕方がなかったことなのかもしれません。

しかし、これからは「仕方がない」では済まされないのです。医療的ケアが必要な子どもたちは、僕たちの身近なところで社会から置き去りにされています。

重い病気や障がいのある子どもたちにも、介護が必要です。介護が必要なお年寄りには社会で支える「介護保険」という制度ができているのに、そこに、介護が必要な子どもへの視点はありません。子どもたちは置き去りにされたままで、家族だけが介護に明け暮れる日々を強いられているのです。

高度先進医療で救われた小さな命を、その先、どう育んでいくのか。僕はこの問題を、今の日本が解決しなければならない、「宿題」だと受け止めています。大変な難問であることは間違いなく、解を求めるのは至難の業ですが、少しでも前進できる道を模索していきたいと思っています。

皆さんにお伝えする役割が僕には課せられている。この本もその想いで書き進めてきました。皆さんは、この本を読む前は遠くてぼんやりとしたイメージだった重い病気や障がいのことが、少し距離が縮まったり、身近な存在に変わったりしたでしょうか。もし、「もっと詳しく知りたくなった」という人がいたとすれば、とてもうれしく思います。そして、「何か力になりたい」という思いが芽生えた人がいたとすれば、この上ない喜びです。

末筆ながら僕の話を最後までお読みくださった読者の皆さん、原稿をお寄せいただいた皆さん、執筆にご協力くださった皆さんにお礼を申し上げます。また、医療的ケアにご理解をしめしてくださり、僕の考えや意見を本の形にしてくださったミネルヴァ書房の杉田啓三社長、編集をおこなってくださった「こどもくらぶ」の二宮祐子さんに深く感謝します。最後に、勝手にＮＨＫを退職した僕を許してくれた家族に、心から、ありがとう。

二〇一八年六月

内多勝康

用語・キーワード解説（五十音順／↓は、用語・キーワードが出ている本文のページ）

・エクセル（↓37、38、39、40ページ）
マイクロソフト社が開発して販売しているパソコン用の「表計算ソフト」。さまざまな計算式を使い、計算した内容を「並べ替え」「グラフ」など自由に設定して使うことができる。

・尾崎豊（↓62ページ）
一九六五年生まれのシンガー・ソングライター。高校在学中にデビュー。学校生活や現代社会のなかで感じる葛藤や心の叫びを表現した楽曲の数々が多くの人から共感をよんだ。

・介護福祉士（↓32、82、136、145、159、180、187、199、228、232ページ）
高齢者や身体が不自由な人など、一人で日常生活を送ることが困難な人の、食事や入浴、移動などの手助けをしたり、在宅での介護方法を家族に指導したりする専門職。

・仮面ライダー（↓60、63ページ）
日本の特撮ヒーローシリーズの一人。石ノ森章太郎《いしのもりしょうたろう》の漫画を原作に、テレビでは一九七一年～七三年までの一年十か月間にわたり放映。劇場版もある。

・**気胸**（→80ページ）
肺から空気がもれて、胸腔《きょうくう》に空気がたまっている状態をいう。息を吸っても肺が広がりにくく、呼吸がうまくできない。

・**「クローズアップ現代」**（→71、150ページ）
一九九三年からＮＨＫで放送されているニュース・報道番組。二〇一六年四月からは「クローズアップ現代＋《プラス》」とタイトルをかえて放送されている。

・**口唇口蓋裂**（→80、81ページ）
唇や上あごに割れ目が残って生まれてくる疾患。原因はまだ正確に解明されていないが、五百人に一人の割合で発症するといわれている。

・**作業療法士**（→130、136、150ページ）
リハビリテーションをおこなう専門職のひとつ。指を動かす、食事をするなどおもに日常生活を送るうえで必要な機能の回復を支援する。

・**児童発達支援施設**（→81ページ）
障がいのある未就学児を対象に、日常生活の自立支援や機能訓練をおこなったり、保育園や幼稚園のように遊びや学びの場を提供するなど、障がい児への支援を目的とした施設。

・**児童福祉法**（↓115、116、117、119、121、122、234ページ）
戦後まもない一九四七年、戦争で親をなくしたり、家が焼けて住むところをなくしたりした子どもたちの、健やかな成長と最低限度の生活を保障するために制定された。

・**社会福祉士（ソーシャルワーカー）**（↓24、32、74、75、115、144、182、183、228、234ページ）
介護の必要な高齢者や、障がいがある人、経済的な理由などによって日常生活を送るのに支障がある人の、福祉に関する相談にのる。

・**待機児童問題**（↓131ページ）
認可保育園に入所申請をしても、希望する保育所に入所できない子どもがいるという社会問題。

・**統合失調症**（↓87ページ）
思考や行動、感情を一つの目的にそってまとめていく（統合する）能力が長期間にわたって低下し、その経過中に幻覚や妄想という症状やまとまりのない行動が特徴的な精神疾患。

・**特別支援学校**（↓93、94、95、99、101、162、234ページ）
障がい児、病弱児などに対して、教育と自立をはかることを目的に、知識や技術を学ばせる学校。幼稚園、小学校、中学校または高等学校に準じた教育をおこなう。なお、通常の小・

中・高等学校に教育上特別な支援を必要とする児童や生徒のために設置される学級を、特別支援学級とよぶ。

・パワーポイント（↓37、38ページ）
マイクロソフト社が開発して販売しているパソコン用「プレゼーテーションソフト」。文字や写真、グラフなどが入ったスライドをかんたんに作成できる。

・ヘルパー（↓94、137、139、150、235ページ）
高齢者、障がい者や病人などの自宅を訪問し、食事、排せつ、入浴などの介助、調理、洗濯などの家事、生活必需品の買い物など日常生活を援助する。正式な呼称は「訪問介護員」。

・理学療法士（↓32、130、181、228、235ページ）
リハビリテーションをおこなう専門職のひとつ。病気やけがの影響で機能が損なわれた部位に対し、マッサージや歩行訓練などを組み合わせ、歩くなどの基本動作の回復を支援する。

・ワード（↓37、38、39ページ）
エクセルと同様、パソコンの代表的なソフトの一つ。マイクロソフト社が開発して販売している「文章作成ソフト」で、文書のほか、チラシや年賀状などもかんたんに作成できる。

さくいん

た行

な行

《著者紹介》

内多勝康（うちだ・かつやす）

1963年、東京都生まれ。東京都立竹早高校卒業後、東京大学に入学。1986年、同大学教育学部を卒業後、アナウンサーとしてNHKに入局。高松→大阪→東京→名古屋→仙台局などに赴任。これまでに「首都圏ニュース845」「生活ほっとモーニング」のキャスターを務めるなど、多くの番組に出演。2013年、社会福祉士の資格を取得。2016年３月に退職し、国立成育医療研究センターの「もみじの家」ハウスマネージャーに就任。

監修：国立成育医療研究センター総合診療部統括部長　窪田 満

編集：こどもくらぶ（二宮祐子）
制作：エヌ・アンド・エス企画（石井友紀）

シリーズ・福祉と医療の現場から⑦
「医療的ケア」の必要な子どもたち
――第二の人生を歩む元NHKアナウンサーの奮闘記――

2018年８月20日　初版第１刷発行　〈検印省略〉
2018年10月20日　初版第２刷発行

定価はカバーに
表示しています

著　者　内　多　勝　康
発行者　杉　田　啓　三
印刷者　和　田　和　二

発行所　株式会社　ミネルヴァ書房
607-8494　京都市山科区日ノ岡堤谷町１
電話代表　(075)581-5191
振替口座　01020-0-8076

平河工業社

ISBN978-4-623-08398-5
Printed in Japan